新・教職課程シリーズ

教育の理念・歴史
Ideas and History of Education

田中智志・橋本美保［監修・編著］

監修者のことば

　本書は、「一藝社 新・教職課程シリーズ」全10巻の１冊として編まれた教科書であり、「教職に関する科目」の「教育の基礎理論に関する科目」の「必要事項」の一つである「教育の理念並びに教育に関する歴史及び思想」を扱う授業に対応しています。

　教育の理念、教育の歴史・思想は、学校・家庭・社会の教育的諸活動を考えるための思考の基礎といえるでしょう。この教育的思考の基礎は、基本的に「教育の目的」ないし「教育の本質」についての考え方です。「教育の目的」「教育の本質」は、「人格の完成」といわれるように、法律によっても規定されていますが、その中身は、それぞれの教師が、教育の当事者として敷衍すべきものでもあります。

　教育の当事者であるということは、子どもたちに対して、教師が置かれている立場にふさわしいさまざまな配慮を行う（気遣いをする）ということです。それは、教育の場が学校なのか、それとも他の場所なのか、教育の相手が幼い年代なのか、それとも青年期を迎える年代なのか、切実な課題が学力を高めることなのか、それとも道徳的な導きを行うことなのか、などによって、大きく異なります。

　しかし、教育の当事者の置かれている立場がどれほど違っても、変わらない教育の目的（普遍的価値）があります。それは、教育という営みが子ども一人ひとりのよりよい人生に資するためにあるということ、不断の学びを喚起するためにあるということです。そして、この教育の普遍的価値を実現するためには、教育の当事者が、字面の「教育の目的」「教育の本質」をいくら学んでも、役に立たないでしょう。

　子ども一人ひとりのよりよい人生に資するというこの教育の普遍的価値を実現するためには、教育の当事者である教師自身が「思想」をもつ必要があります。ここでいう「思想」は、有名な哲学者や思想家の考えたこと

それ自体ではなく、人と自然、人と人、そして教師と子どもが「ともに生きる」ことについての思想です。なるほど、現代社会は、人に個人として自律的に生きること、すなわち経済的・精神的・日常的に自立し、「自己」（理性）を基盤とし、自分で自分を制御することを求めています。しかし、いつの時代であれ、どんな文化においてであれ、人は、自分だけで自律的になれるのではありません。人は、人の助けを借りて、人の気遣いのなかで、はじめて自律的になれるのです。「ともに生きる」ことは、何らかの目的を達成するために、人と協働することだけでなく、自律的な人間であるために、人と気遣い合うことでもあります。本来、「思想」とは、考えること・思うことであり、英語やドイツ語のその語源からしても、考えることは、他者を気遣うこととつながっています。

　教育の当事者としての教師は、たんに知識技能のインストラクターではなく、人生へのファシリテーターでもあります。それは、人が生きるとはどういうことか、この容易に答えられない問いに、自分なりの答えをもって、子どもたちに真摯に臨むことです。「教育の目的」「教育の本質」を、たんなる知識・規範として学ぶことではなく、子どもたち一人ひとりの生活に即し、可能なかぎりその人生に寄り添いつつ教えるために、すなわち不断の学びを喚起するために学ぶことが大切です。

　「教育の目的」「教育の本質」を哲学的・歴史的に描く「教育の理念・歴史」は、それが教育者としての人生観を支え豊かにするときに、はじめて教師の「思想」すなわち生き生きとした教育的な智慧となります。本書は、教育の理念・歴史の全体をわかりやすく示すことで、子どもたち一人ひとりに、人として真に豊かに生きるための、もっとも重要な方途を示唆する教科書となっています。

　教職を志すみなさんが、本書をつうじて、人間性豊かな、よりよい教育実践の学知的な礎を築かれることを、心から願っています。

　2013年9月吉日

　　　　　　　　　　　　　　　　　　　　　監修者　田中智志
　　　　　　　　　　　　　　　　　　　　　　　　　橋本美保

まえがき

　本書は、教育の理念、思想・歴史をコンパクトにまとめている。第1章から第4章までの前半は、教育の理念にかかわる各章から構成され、第5章から第13章までの後半は、教育の歴史・思想にかかわる各章から構成されている。前半部分は、教育の理念とそれを取り巻くものを区別し、その関係を概括している。後半は、西洋の教育の思想・歴史にかんする章と、日本の教育の思想・歴史にかんする章に分かれているが、どちらも教育の理念とそれを取り巻くものとの歴史的関係を描いている。

　こうした前半、後半の全体をつうじて浮かびあがらせようと試みたことは、教育をめぐる制度化と活性化のダイナミズムである。教育という営みに限られないが、人が行う営みは、時系列において、基本的に制度化すなわち固定化・規範化の局面と、それらを改めようとする活性化すなわち変革・刷新の局面を示している。教育の活性化は、教育の法制度の改編につながることもあれば、教育実践の改革運動にとどまることもある。またそれは、社会情況の変化、国家体制の変化などと連動している。たとえば、「大正新教育」は、教育実践の改革運動にとどまったが、明治期の教育の制度化に対する教育の活性化の運動である。

　しかし、教育の活性化は、社会や体制の変化にただ追従するものではなく、教育の普遍的価値を志向している。教育の歴史・思想のなかに浮かびあがってくる教育の理念は、教育の活性化を根底で支えている普遍的価値を含んでいる。この教育の普遍的価値は、教育者が実際の教育現場で、子どもたちに対して教育的働きかけを行っているときに体現するべき、教育的態度（姿勢）として現れてくる。

　教育の普遍的価値は、端的にいえば、よりよく生きようとする子どもたち一人ひとりを一命として護り育てることであり、この価値は、教育への信念を伴っている。それは、子ども一人ひとりのよりよき人生・成長を無条件に望むという信念である。この信念は、子どもの人生を操作し規定し

ようとする因果論的・機能論的な意図に満ちた願望ではなく、教師が固有の情況のなかで自分の最善を尽くしながら、子ども一人ひとりのよりよき生を祈ることである。教育という営みは、それがどのような情況に置かれていても、この祈りから切り離すことはできない。こうした教育への信念は、教師自身がそれを体現することで、子どもたちにも自然と伝搬し、子どもたち自身が自分の人生を切り開き、生き抜くための礎となっていくはずである。教職教養課程が語るべき「教育の目的」は、なるほど「人格の完成」「発達の支援」というように規定されているが、その大前提は、こうした教育への信念であろう。

　この教育への信念は、人が生きるうえで何がもっとも大切なのか、よりよい社会を構築するうえで何がもっとも大事なのか、という「生への問い」から切り離すことができない。なるほど、この生の問いは軽々に答えられる問いではないが、古来、多くの教育思想家が、この問いに答えようとしてきた。ただし、その答えは、実証されたり確証されたりする規範ではなく、さまざまな体験のなかで感得され、醸成されていった叡智であったといえよう。その叡智を表現する言葉はさまざまであるが、根本的に、人と自然、人と人が「共に生きる」ことにつながっているように思われる。

　たしかに、私たちは、「グローバル化」といわれる新しい時代を生きている。そして、「コンピテンシー」と呼ばれるような新しい学力を求められている。しかし、そうした新しい時代においても、過去の偉大な教育思想家の思想のなかには、彼らが生きた時代とは大きく異なる時代を生きる私たちにも重要な示唆を与える叡智が含まれている。「教育の理念・歴史」を学ぶということは、たんに過去のことを知るのではなく、過去の教育思想家の思想のなかに、人がよりよく生きる叡智を見いだすことであり、その果敢な探究から、現代を真に生きる力を贈られることであろう。

　2013年9月吉日

編著者　田中智志
橋本美保

「教育の理念・歴史」もくじ

監修者のことば　3
まえがき　5

序章　教育とは何か〜教育理念と社会構造との間で〜　11

第1節　教育とは何か
第2節　学校経験と教育機能のずれ
第3節　機能的分化と普遍的価値

第1章　教育の理念・歴史〜教育思想の基本構造〜　23

第1節　近代教育の理念
第2節　デュルケームの教育の理念
第3節　デューイの教育の理念

第2章　教育と成長・学び〜教育の実践〜　35

第1節　成長と学び
第2節　教育実践の目的
第3節　現代的教育実践の模索

第3章　教育と学校・家庭〜教育の場所〜　49

第1節　学校の歴史〜人々にとっての教育の場となるまで〜

第2節　家庭教育の成立の歴史
　　　　～地域による教育から家庭による教育へ～
第3節　現代の学校の役割～知識技能の伝授と人格形成～
第4節　現代の家庭の役割

第4章　教育と国家・市場～教育の制度～　*61*

第1節　共同体の教育
第2節　市場（商品交換）と教育
第3節　国家と教育
第4節　〈資本＝国家＝ネーション〉と戦後の教育拡大
第5節　経済のグローバル化による資本～国家の変質と教育～
第6節　イソノミアとしての学び

第5章　西洋の教育思想と学校の歴史①　*75*
　　　　～前近代の状況～

第1節　古代ギリシアの教育思想と学校
第2節　ヘレニズム・ローマ時代の教育と学校
第3節　古代の終焉から中世へ～キリスト教と教育・学校～
第4節　中世からルネサンスへ
　　　　～ヒューマニズムの教育思想と学校～

第6章　西洋の教育思想と学校の歴史②　*89*
　　　　～教育的関心の誕生～

第1節　教育的関心と経験
第2節　教育の可能性と教育的関係性への参入
第3節　見いだされた「子ども」
第4節　教育の科学と子どもの形成可能性

第7章 西洋の教育思想と学校の歴史③　103
～近代公教育の形成～

第1節　近代公教育制度の形成過程
第2節　近代公教育の形成を支えた思想
第3節　学校教育の普及と教育学の成立

第8章 西洋の教育思想と学校の歴史④　115
～新教育の展開～

第1節　新教育の理念
第2節　新教育運動の実際的展開
第3節　新教育の思想史的意義と課題

第9章 日本の教育思想と学校の歴史①　129
～前近代の状況～

第1節　古代・中世の教育
第2節　近世社会における子育て
第3節　近世社会における学校の多様化
第4節　近世庶民における学習文化

第10章 日本の教育思想と学校の歴史②　143
～近代公教育の形成～

第1節　近代公教育の創始
第2節　近代学校教育制度の確立過程
第3節　国家主義教育体制への移行
第4節　教育方法の日本的受容の特質

第11章 日本の教育思想と学校の歴史③　155
～大正新教育運動の展開～

第1節　大正期の教育政策
第2節　大正期の教育思潮
第3節　大正新教育の高揚

第12章　日本の教育思想と学校の歴史④　*169*
～国家主義教育と戦後の教育改革～

第1節　経済恐慌と国家主義教育への傾斜
第2節　総力戦体制と学校教育
第3節　戦後教育の出発
第4節　講和条約後の転換

第13章　現代日本の教育課題　*183*
～グローバル化と機能的分化～

第1節　グローバル化が進む今日の社会の特徴
第2節　知識基盤社会における教育
第3節　新たな持続可能な社会に向けて

終章　教育の基礎～制度を超える思想～　*195*

第1節　「新教育」という試み
第2節　教育の普遍的価値
第3節　教育への信念

監修者・編著者紹介　*208*
執筆者紹介　*209*

序章

教育とは何か
～教育理念と社会構造との間で～

田中智志

はじめに

　具体的な場面について言えば、教育という営みは、基本的に「教える」と「学ぶ」という二つの営みから成り立っている。そして、一般的には「教師が教えるから、子どもたちが学ぶ」と考えられている。確かにそういう場合もあるが、「子どもたちがすでに学び続けているから、教師は教えることができる」という場合もある。むしろ、前者よりも後者のほうが一般的ではないだろうか。教職にある人なら、「学ばない子ども」に教えることの困難・苦労を、よく知っているはずである。

　子どもが「学ぶ」ことと、教師が「教える」こととのあいだには、何らかの隔たりがある。その隔たり、とりわけずれを確認することが、教育を厳密に把握するうえで大切である。というのも、「学ぶ」と「教える」とのずれが小さければ小さいほど、教育は円滑かつ効果的に進むからである。そしてそのためには、「学ぶ」ことに「教える」ことが寄り添うことが必要である。教育の本来的な目的は、一人ひとりが知的・人間的に自己了解を深めつつ成長し続けること、つまり不断に学び続けることだからである。

第1節　教育とは何か

1　3種類の学校経験

　現代日本社会において、「教育」と呼ばれる営みは、主に学校で行われている。もちろん、家庭でも、塾でも、職場でも、教育は行われているが、主要な教育の場は、幼稚園、小学校、中学校、高等学校などの学校である。こうした学校で行われている教育は、さまざまな側面をもっているが、その特徴を把握するために、子どもたちが学校でどのような経験をしているのか、その中身に注目してみよう。子どもたちは、それぞれのペースで、それぞれの個性（固有性）を発現させながら、成長していく。学校におけ

る教育は、基本的に、そうした子どもたちの成長を支援する働きかけである。この学校における子どもたちの成長の経験を「学校経験」と呼ぶとすると、子どもたちの学校経験は、大きく次の三つに分けられる。

　第1に、知識・技能を学び成長するという経験、つまり知的成長（知的発達）の経験である。それは、さまざまな教科の学習、教科外の活動を通じて、今までわからなかったことがわかるようになるという経験であり、また、身体、道具、概念、理論を用いて、今までできなかったことが、できるようになるという経験である。第2に、他者との関係のなかで人間的に成長する（倫理的に成長する）という経験である。それは、教科の学習、教科外の活動、また日常的な友人関係などを通じて、倫理的な意味で、人間としてよりよく生きることの大切さを学ぶ、という経験である。第3に、他者の言葉やテスト・試験などを通じて、自分をふり返り、自分を評価するという経験である。それは、自分の価値、自己の形象（イメージ）が形成されるという自己了解の経験である。

2　三つの教育機能

　これら三つの学校経験、すなわち知的成長の経験、人間的成長の経験、自己了解の経験は、大まかにいえば、19世紀以来、学校が担ってきた三つの教育機能に対応している。知的成長は、学力形成（能力形成）という教育機能につながり、人間的成長は、人間形成（人格形成）という教育機能につながり、自己了解は、能力評価という教育機能につながっている。

　こうした、子どもたちの三つの学校経験と、学校の果たす三つの教育機能が大きなずれや矛盾もなくつながるなら、教育に重大な問題は生じない。しかし、後ほど確認するように、実際には、知的成長と学力形成の間にも、人間的成長と人間形成の間にも、さらに自己了解と能力評価との間にも、ずれが生じがちである。そうしたずれを生みだす原因はいろいろあるが、もっとも基本的なその原因は、現代社会が、機能的に分化していることであり、学校がその一部であることである。

　以下、『教育学の基礎』における議論を要約しつつ、第2節では、三つ

の学校経験と三つの教育機能とのずれを確認し、第3節では、こうしたずれが生じる基礎的な背景について素描しよう。それは、端的に言えば、理想を求める思想と、歴史の帰結としての現代社会の社会構造とのずれである。この思想と社会構造とのずれを確認することは、教育の現実を把握するうえで、とても重要なことである。

第2節　学校経験と教育機能のずれ

1　知的成長

　人間の知的成長は、一人ひとりにおける事象（ひと・もの・こと）の認知様態（とらえ方）の更新・深化である。それは、継続的に世界・他者・自己がより深く、より広く、より正しくとらえなおされることである。こうした事象の認知様態は、人の行動に決定的な影響を及ぼす。

　知的成長の主要な契機は、経験を通じて知識を習得することである。知識は一般に、言葉（記号を含む）で表現されている。ただし、言葉は、単独で存在しているのではなく、一定の文脈のなかに位置づけられている。言葉に一定の意味を与えているものは文脈である。したがって、知的成長は、単に言葉を知ることではなく、一定の知の文脈に親しむことである。

　もっとも、知識のなかには、言語化されにくい知識もある。それは、身体感覚を通じて学ばれる知識であり、身体が覚えているという意味での「身体知」、ポランニー（Polanyi, Michael）の言葉を用いるなら、「暗黙知」である。たとえば、ピアノの運指、自転車の乗り方、泳ぎ方、車幅感覚、顔の判別などの「方法知」（ノウハウ）である。

2　学校の学力形成

　学校は、子どもたちに知的成長を強く求め、子どもたちの学力形成（知性形成）を推進し支援している。学力（知性）概念は、論者によって異な

るが、基本的に学校で教えられる教科に即した知的能力を意味している。いいかえるなら、子どもが「学校知」(school knowledge) を内面化することで得る知的能力を意味している。したがって、もっとも一般的な学力は、「教科」ごとにテスト・試験によって測られる能力である。

むろん、複数の教科を横断するような学力（知性）も存在する。たとえば、言葉を把握し記憶し活用する言語的学力、事物の位置・速度・関係を把握し記憶し活用する空間的学力、記号・数を把握し記憶し活用する数理的学力などである。しかし、さしあたり、ここでは、学力は教科ごとにテストによって測られる能力であると考えておきたい。

3　知的成長と学力形成とのずれ

さて、子どもたちの知的成長は、学校の学力形成とうまく符合する場合もあれば、大きくずれる場合もある。うまく符号する場合、子どもの知的成長は、社会的・経済的に有用な能力の開発に向かう。学校の学力形成は、多くの場合、そうした有用な能力（有能性）の開発を指向しているからである。しかし、子どもが、ただ知りたいと思って学んでいる場合、子どもの知的成長は、学校の学力形成からずれることがある。この「学びのための学び」は、当人の興味関心の赴くところに向かい、また推移していくため、ときに、国家の発展、経済の発展、将来の成功からずれてしまう。

このように、子どもの知的成長と学校の学力形成とがずれるとき、学校は厄介な問題に直面する。たとえば、いわゆる「学習意欲の低下」という問題である。すなわち、子どもが授業に興味関心がもてず、積極的に学ぼうとしないことである。この問題を解決するために、19世紀以来、「自発的学習」「主体的な学び」を実現するためのさまざまな教育方法が考案されてきた。たとえば、競争させる、サンクションを与える、体験をさせる、個性に配慮する、共同活動をさせる、といった方法である。

4　人間的成長

子どもたちは、他者（友人や恋人や教師など）とかかわるなかで、混乱

したり、揺らいだり、失敗したりしながら、自分自身をふり返り、誤りや過ちを認め、よりよい自分へと自分を高めていく。こうした子どもたちの人間的成長の礎は、少なくとも二つある。倫理性と関係性である。

　倫理性は、よりよいものを求めようとする意志、衝動、ハビトゥス（習性）であり、近代教育学が「良心」「理性」「道徳性」と呼んできたものである。倫理性の発動する契機は、自己のふり返りであるが、単に自分で自分をふり返るだけでは、人間的成長につながらない。自分の自己反省が人間的成長につながるためには、自分をふり返る自分（反省する自分）がすでに倫理的であり、崇高なものを指向していなければならない。

　関係性は、友人との、親との、場合によっては、神との絆である。人は、誰かによって支えられることで、ふり返る自分の倫理性を高めることができるからである。いいかえるなら、人は、自分の尊敬する誰かによって自分の判断が後押しされるときに、精神的に強くなれるからである。くじけそうになる自分を支えてくる誰かは、すぐれて倫理的である。

5　学校の人間形成

　学校は、こうした子どもの人間的成長を強く求め、それを支援するために「道徳教育」を行ってきた。道徳教育の中心は「人間形成」（「人格形成」）である。「人間形成」という言葉はさまざまな意味をもっているが、主に個人性と社会性の形成である。個人性は主に自律性（autonomy）であり、人が自分で自分を制御し、よりよい自己・社会を目指すことである。社会性は、しばしば見返りを期待して行われる「社交性」(social skills) と混同されているが、本来のそれは、他者への気遣いであり、相互扶助 (reciprocity)、協同活動 (association) である。

　こうした人間形成論は長い歴史をもっているが、西欧で「人間形成」（「人格形成」）という言葉が使われるようになったのは、18世紀以降である。その後、今日に至るまで、この言葉は、近代教育学の中心に位置づけられてきた。日本の場合、「道徳の時間」のみならず、さまざまな教科・教科外活動において、正直、勤勉、思いやりなどの道徳規範の形成が行われて

きた。そうした営みの総体が学校の人間形成である。

6　人間的成長と人間形成のずれ

　子どもの人間的成長と学校の行う人間形成とは、大きくずれる可能性をはらんでいる。たとえば、子どもの人間的成長が個人主義に傾いているときに、学校の人間形成が共同体を強調するなら、そこには少なからぬ葛藤が生じる。また、子どもが既存の生活習慣や道徳規範に対して直観的な違和感を覚えているときに、学校の道徳教育が基本的な生活習慣や道徳規範の遵守を説くなら、そこにはやはり少なからぬ葛藤が生じる。

　近代教育史のなかで、子どもの人間的成長と大きくずれた学校の人間形成の営みを挙げるなら、それは、哲学者のフーコー（Foucault, Michel）が「規律化」（「規律訓練」discipline）と呼んだ教育方法であろう。規律化とは、ほぼ19世紀末期から近年に至るまで、学校教育において広く用いられてきた教育方法で、その主な特徴は、監視、競争、制裁である。規律化の目的は、子どもの自律性の養成であるが、実質的に規律化によって形成されるものは、学校規範に自ら従うという自発的な他律性である。規律化においては、子どもが、自分の意志で自分を制御するのではなく、学校空間がしつらえる監視、競争、制裁で自分を制御するからである。監視は、＜誰かに見られている＞という意識を作り出すことによって、子どもに自分の言動を制御させる方法である。これは、監視する者の視線を内面化し、その監視する者の目を恐れて、自分で自分を制御することである。競争は、＜人に負けたくない＞という気持ちを作り出すことによって、子どもに自分の言動を制御させる方法である。制裁は、＜罰を受けたくない＞という気持ちを利用して、子どもに自分の言動を制御させる方法である。

7　自己了解

　子どもたちは、一人ひとり、自分の知性や人間性などをふり返り、自分を認知（了解）する。「反省」という言葉は、過ちを悔い改めるという意味で用いられがちであるが、本来のその意味は、自分をふり返り、自分を

照らし出すことである。もちろん、その反省の契機は、何らかの失敗、過誤であるが、何が失敗で何が過誤であるのか、それを基本的に決めるのは、規範というよりも、知的に・人間的に成長し続ける自分自身である。いいかえれば、知性の拡大深化であり、人間性の高まりである。

　それまで「誤り」と思わなかったことを「誤り」として意味づけていくことは、知性の拡大深化によって可能になる。それは、たとえば、教科のテストで、「間違い」とされた解答が、なぜ「間違い」なのか、その理由がわかるようになることであり、若い頃に理解したつもりになっていた誰かの思想の理解が間違っていると、後年になって気づくことである。

　人間性の高まりは、それまで「過ち」と意味づけられなかったことを「過ち」として意味づけていく。以前は、倫理的に「過ち」であると思えなかったことが、「過ち」であると思えるようになる。そうした人間性の高まりは、基本的に他者との交わり（信頼・愛・協同など）によって生じる。人は、基本的に他者との交わりのなかで、その他者を超える第三者を見いだすからである。人に助けられる喜び、人を助ける喜びを感じるなかで、人を超える崇高な存在を予感するようになるからである。

8　学校の能力評価

　学校は、子どもたち一人ひとりの自己了解のきっかけとなるテストや試験を行うが、それらは、基本的に能力評価であり、その能力評価は、大きく「選抜」（選別）に傾いている。学術的能力であれ、身体的能力であれ、学校でテストや試験によって評価されるものは、子どもたち一人ひとりの存在ではなく、その能力である。そして一般には、その能力の多寡によって、子どもの進級・進学の可否が決定される。そのような能力による人の配置配分（合否決定）が、「選抜」と呼ばれる制度である。

　なるほど、1980年代あたりから、子どもをただ選抜するための評価ではなく、子どもを励ます（「エンカレッジする」）評価が強調されるようになった。子どもたちが、自分でどこまでわかっているのか、どこからわからないのか、その事実を分析し提示する評価である。このような「アセス

メント型評価」は、子どもの学びを支援するうえでたしかに有効であるが、この評価も、旧来のテスト型の評価と同じように、能力——「達成性」（アチーブメント）——の多寡を問う行為であることに変わりはない。

9　自己了解と能力評価とのずれ

　子どもの自己了解は、学校の能力評価からずれていく。自己了解は、自分の学力だけについての認知ではないからである。それは、自分の生育、愛、苦悩、希望、夢、思想など、自己存在に関する了解である。能力は、自己存在の一部を示すものであり、学力は、そのまた一部にすぎない。いいかえれば、テスト・試験などによって測定・評定された子どもの達成性は、子どもの能力の一つの表徴（代理記号 representation）にすぎない。子どもが了解する自己存在は、そうした表徴をはるかに凌駕している。

　しかし、現代社会においては、人の評価が能力（達成性）の評価に特化されがちである。そうした能力への傾斜は、学校教育だけでなく、現代社会全体に見られる。これは、現代社会が基本的に、血統・人種・民族・性別・家柄・身分などの当人の「生得性」（アスクリプション）よりも、成績・業績・学歴・成果などの達成性を重視する「メリトクラシー」（meritocracy　メリットがとても重視され、それが選抜・配置の基準であること）に彩られた社会であるからである。そのような社会は、「機能的分化」を社会構造とする有用性指向の社会である。

第3節　機能的分化と普遍的価値

1　有能性への傾斜が生みだす負の効果

　学校の学力形成だけでなく、その人間形成も、能力評価に引き寄せられている。なるほど、若者の「コミュニケーション能力」や「リーダーシップ能力」などが強調されているが、これらも、人間性としてというよりも、

有能性として強調されている。すなわち、利益を生みだす能力として強調されている。こうした有能性への傾斜は、寛容性の喪失、愛他性の看過、互恵性の希薄といった、人が人として生きるうえで必要不可欠な倫理性を掘り崩す負の効果を生みだしている。ここでは、知的成長、人間的成長、自己了解の三つの経験に即し、三つほど確認しておこう。

　第1に、知的成長について言えば、学びの歓びを覆い隠すことである。学びは、本来的に歓びであるが、それが見失われ、まるでゲームのように得点を高めることに歓びが見いだされていくことである。第2に、人間的成長について言えば、人間の固有性を見えにくくすることである。有能性をメディアとして人間関係・社会関係を形成されているため、「人となり」「人の顔」が見えにくくなること、他の人と交換できない固有性が見えにくくなることである。第3に、自己了解について言えば、本当に必要な人生についての思考を覆い隠すことである。「自分の人生は本当にこれでいいのか」と自分に問いかけ、ふり返り、新たに構想する倫理的な思考、自分にしかできないそれが、脇におかれてしまうことである。

2　機能的分化

　現代の教育・社会において人の有能性（有用性）が強調されるのは、現代の社会構造が基本的に機能的分化だからである。機能的分化とは、機能（function）によって人の役割・職務が細かく決定されるという状態である。確かめておくなら、上述の三つの学校の機能が、ここでいう教育システムが価値づけている機能である。そして機能は、政治、経済、司法、学術、教育、医療などの各システムでそれぞれ固有に価値（意味）づけられている。システムが異なるとき、求められる有能性（有用性）もまた異なる。機能とは、何らかの利潤便益を産出し問題解決に役に立つ能力である。有能性は、このような機能的な問題解決の知識・技能である。

　なるほど、人が有能であることは、確かに重要であるが、有能であるだけでは、人はよりよく生きることはできない。問題解決の能力としての有能性は、「何が問題なのか」「何を問うべきか」とは問わないからである。

有能性は、すでに「解決すべき」と既定されている問題、すなわち「利潤便益を産出する」と既定されている問題を解決する能力だからである。いいかえれば、有能性という能力は「愛他性や互恵性をいかに実現するか」といった、人が本来考えるべき問題を考える力ではない。

3　普遍的価値の大切さ

　有能性において、人が本来考えるべき問題が必ずしも考えられないのは、有能性が機能的分化という社会構造を文脈とした価値概念だからである。いいかえれば、有能性があくまで、それぞれのシステムの内部、つまり組織の問題を解決する能力だからである。政治システムであれ、経済システムであれ、司法システムであれ、システムの内部では、人が本来考えるべき問題、すべての人間・社会が追求するべき普遍的価値は、いわば、手に余る問題、つまり、文字どおり「問題外」として棚上げされているからである。そうした、システムが問題外とする普遍的価値を実現しようとする試みこそが、真に「倫理的」と形容されるべき試みであろう。

　人が本来考えるべき普遍的価値は、これまでさまざまな名称で呼ばれてきた。キリスト教的な思想において、それは、「完全性」「ロゴス」「アガペー」「ヴァーチュ」といった言葉で表現されてきた。19世紀末から20世紀前半にかけては、それは「生命」「存在」といった言葉で表現されてきた。これらの言葉は、もはや一般の学校教育の現場では聞かれなくなっているが、そうであることは、教育には普遍的価値が不必要であるということではない。というのも、人が、他の人を支援したり育てたりすることは、人が、誰であれ、本来的によき生を希求していることを前提にしているからである。古い言葉を用いれば、「善意志」に基づいて生きていると考えているからである。教育という営みがどのように定義されようとも、それが子どもを支援し育てることである限り、教育という営みは、人が本来考えるべき普遍的価値に向かうべきである。

おわりに

　教育という営みを規定している機能的分化という現代の主要な社会構造は、歴史的に形成された制度である。学校の学力形成、人間形成、能力評価という機能に見いだされるように、社会構造を構成している諸制度は、教育システムを通じて社会を安定的に発展させるが、同時に社会構造を既存のまま再生産する。それは、よりよい状態が生まれないということを意味するとともに、本来なされるべき思考が不足していることを意味している。自分や社会がよりよく存続するためにはどうすればいいか、それを考えることこそが、本来の思考であろう。そうした本来の思考のなかにこそ人が抱くべき真の理念がある。その一つが、教育の理念でもある。

　近代の教育の理念・歴史をふり返るとき、私たちは、そこに教育の理念と社会構造・教育システムとの絶えざるせめぎ合いを見いだすことだろう。さまざまな思想家が語る教育の理念は、多くの場合、既存の社会を再生産してしまう社会構造や教育システムへの批判を伴っている。そうした批判、いわば「時代への批判」は、教育の理念の生成と不可分である。以下の各章で、そうした教育の理念と社会構造・教育システムとのせめぎ合いを描き出すとともに、そのせめぎ合いのなかにこそ、よりよい生、よりよい社会の再構築を目指す教育思想が生まれることを確かめてみよう。

【文献一覧】
　田中智志編著『教育学の基礎』一藝社、2011年
　田中智志・今井康雄編『キーワード現代の教育学』東京大学出版会、2009年

第1章
教育の理念・歴史
～教育思想の基本構造～

田中智志

はじめに

　「教育の理念」とは何か。実際の教育実践、教育制度から成る教育の歴史は、教育の理念とどのような関係にあるのか。この問いに概括的に答えることが、本章の課題である。簡潔にいえば、「教育の理念」は、教育実践を導く普遍的価値（超越的価値）である。いいかえれば「教育の理念」は、よりよい人間・社会を支える基礎である。こうした「教育の理念」は、「教育の目的」と重なることもあるが、それからずれることもある。「教育の目的」という言葉は、教育の営みが収斂すべき目的という意味で用いられる。その「目的」は、一般的価値としての理想状態であることもあれば、局在的価値としての実利的目的であることもある。

　「教育の理念」は、ヨーロッパの18世紀に始まる教育の歴史のなかにいくつも見いだせる。教育の歴史は、古代にまでさかのぼることもできるが、基本的にヨーロッパの18世紀に始まる。私たちの知っている教育は、基本的に「個人」の自律を目指す人間形成・人格形成に結びついているからであり、教育が個人の人間形成・人格形成として意味づけられるようになったのは、早くても18世紀のヨーロッパにおいてだからである。こうした近代的である教育の登場は、人が主権国家・市場経済のなかの「個人」として生きるように仕向けられたことを背景としている。

　第1節では、近代教育の登場する時期の、おそらく最も著名な2人の思想家の教育言説を取りあげ、そこで何が「教育の理念」として語られているのか、それを確認する。第2節では、19世紀の近代教育への批判が登場する19世紀末から20世紀前半の、これまたきわめて有名な2人の思想家の教育言説を取りあげ、そこで語られている「教育の理念」を確認する。第3節においては、教育思想とは、教育現実、社会現実への批判的スタンスとともに「教育の理念」を語る言説である、と確認する。

第1節　近代教育の理念

1　近代教育思想の教育概念

　ヨーロッパにおいて近代教育の登場する時期は、およそ18世紀後半から19世紀前半である。ここでは、個人の自律を目指す近代教育についての言説を「近代教育思想」と呼ぶ。まず確認したいことは、この近代教育思想においてどのような「教育の理念」が語られていたのか、である。ここでは、ルソー（Rousseau, Jean-Jacques　1712-1778）と、ヘルバルト（Herbart, Johann Freidrich　1776-1841）を取りあげ、それぞれについて確認しよう。

　ルソーはスイス生まれのフランスの思想家で、ヘルバルトはドイツの教育思想家である。ルソーの書いた『エミール』は、教育学の古典として、19世紀から現代に至るまで長く読み継がれてきた。ヘルバルトは、「ヘルバルト主義」という言葉とともに、ヨーロッパ、アメリカ、そして日本の近代教育学において繰りかえし言及された人物である。ヘルバルトの書いた『一般教育学』もまた、教育学の古典として有名である。

2　ルソーの教育概念

　ルソーは、『エミール』において「教育の理念」という言葉を用いていないが、それに相当する「教育の目的」という言葉を用いている。ルソーにとって「教育の目的」は、発達段階ごとにいくつかあるが、最終的な「教育の目的」は、「人間の完全化」、すなわち「感情」による「理性」の改善である。ルソーは「私たちに残された課題はもはや、人間を完全化するために、憐れみ深く情感豊かな存在を作ることだけである。つまり、感情（sentiment　サンチマン）によって理性（raison　レゾン）をよりよくすることだけである」と述べている（『エミール』〔中〕p.37〈私訳〉）。

　確認しておくなら、ルソーの言う「感情」は、いわゆる感情ではなく、「内なる光」「魂の呼び声」としての「良心」である。ルソーにとってこの

「良心」は、人が「善」を志向するための基礎であり、「理性」は、人が「善」を認識するための基礎である。そしてどちらも、神から全ての人に贈られたものである（『エミール』〔中〕p.127, 164, 172）。

3 既存の社会を超えるために

近現代社会においては、教育は社会的に構成された制度の一つと考えられているが、ルソーにとっての教育は制度ではなかった。ルソーにとっての教育は、既存の諸制度に対立・対峙（たいじ）する「自然」に寄り添う営みである。ルソーにとっての「自然」は、さまざまな命が溢（あふ）れる美しい「自然」（nature）であると同時に、魂という「人間の自然本性」（nature humaine）でもある。そしてどちらの「自然」も、本来的に「善」なるものである。

ルソーにとって、この二重の意味の「自然」に対立・対峙するものが社会を秩序づけている諸制度である。すなわち、規範であり、習俗である。ルソーは、自分が生きていた時代のヨーロッパ社会を堕落した状態にあると考えていた。ルソーは「［現在のような情況のままなら］偏見、権威、必要、模範など、私たちが埋没しているこの社会のすべての制度は、人間の自然を抑圧するばかりで、その代わりとなるものを何ももたらさないだろう」と述べている（『エミール』〔上〕p.23〈私訳〉）。

4 ヘルバルトの教育概念

ルソーよりも一世代遅れて登場したヘルバルトにとって、教育の主要な目的は、「道徳的人格の陶冶（とうや）」である。「陶冶」は「形成」「造形」を意味するBildungの訳語である。ヘルバルトは、現代でいうところの「教育」を「教育」（Erziehung）と「教授」（Unterricht）に分け、「教育」を「道徳的人格の陶冶」と定義し、「教授」を「思考圏の形成」と定義する。「道徳的人格」は、自分・社会をよりよくするという強靱（きょうじん）な意志をもっている状態であり、「思考圏」は、自然や社会のなかのさまざまな事物の連関（つながり）についての全体的な認識である。つまり、ヘルバルトの言う「教育」は、現代の道徳教育であり、「教授」は、現代の知識教育である。

ヘルバルトは、子どもがよりよい自分となり、よりよい社会をつくるためには、十分な知識とともに、「善と公正」を目指す強靱な意志が必要であるという。そしてそのような強靱な意志を、ヘルバルトは「道徳性」と呼ぶ。つまり「道徳性」と「道徳的人格」はほとんど同義である。したがって、端的に、教育の目的は道徳性の形成である、といってもよいだろう。「道徳性は、人間が、したがって教育がめざすべき最高の目的であると、広く知られている」(『世界の美的表現』p.8〈私訳〉)。

5　既存の制度を超えるために

　ヘルバルトは、「教育なき教授」を認めない。ヘルバルトにとっては、すべての教授は「教育的教授」でなければならないからである。知識をいくら増やしても、それだけなら、いくらでもそれは悪用されうるからである。つまり、ヘルバルトにとっては、「教授」よりも「教育」のほうが、すなわち知識教育よりも道徳教育のほうが重要なのである。

　ヘルバルトもまた、ルソーと同じように、彼が生きていたドイツ社会を堕落した状態と考えていた。ヘルバルトにとって、既存の制度にただ従って生きることは、道徳性の対極にある「悪」を放置することに等しかった。ヘルバルトは「俗世間の制度に順応することを目的とする教育は、現実の社会に蔓延っている悪をいつまでも存続させ、そのままにしておこうとすることである」と述べている(『一般教育学』p.15〈私訳〉)。

6　近代教育思想の理念・目的

　ルソーとヘルバルトが語った「教育」は、実際の教育というよりも、本来の教育ないし理想の教育である。その「教育」において人々を導くものが「教育の理念」である。ルソーの場合、それは「自然」であり、ヘルバルトの場合、それは「道徳性」である。言葉だけを見ると、大きく違うように見えるが、どちらも、神によって人に贈られた「魂」の本質を形容する言葉である。つまり、ルソーとヘルバルトの「教育の理念」は、人間の生を教導する理念、あるべき人間の理念である。

「教育の理念」と「教育の目的」は、異なることもあれば、重なることもある。異なる場合、「教育の理念」によって実現されるべき状態が「教育の目的」である。ルソーの場合、「教育の目的」は、一人ひとりの「人間の完全性」である。「憐れみ深く情感豊かな存在」としての人間である。ヘルバルトの場合、「教育の目的」は「教育の理念」とほとんど同じで、「道徳的人格」であり、「道徳的完全性」である。どちらの「教育の目的」も、「人間の完全性」といいかえてもよいだろう。

7　人間の完全性という教育の理念

西洋においては「人間の完全性」（英語 human perfection ／フランス語 perfection humaine ／ドイツ語 Vollkommenheit des Menschen）という概念は、教育思想以外のさまざまな思想においても語られてきた。それは、基本的にキリスト教の『聖書』の文言に由来する概念である。このキリスト教的な思想においては、人は本来的に「神の似姿」（Imago Dei イマーゴ・デイ）、すなわちイエスのような完全性に到達できるように努力しつづける存在である。こうした人間の完全性が「教育の理念」「教育の目的」として掲げられるとき、教育者は「道徳的人格者」でなければならない。おそらくこれが、今でも残っている「教師聖職論」の原型であろう。

こうした「人間の完全性」を掲げる近代教育思想は、19世紀末期になると、厳しく批判されるようになった。「教育社会学」を提唱したデュルケーム（Durkheim, Émile　1858-1917）もその一人であり、「進歩主義教育」を提唱したデューイ（Dewey, John　1859-1952）もその一人である。デュルケームはフランスの社会学者・思想家であり、「社会化」概念の提唱者、「教育科学」「教育社会学」の創始者として有名である。デューイはアメリカの教育学者・思想家であり、「プラグマティズム」の思想家、「進歩主義教育」の立役者として有名である。次に、2人がどのように旧来の近代教育思想を批判し、新しい「教育の理念」を語ったのか、確認しよう。

第2節 デュルケームの教育の理念

1 デュルケームの教育概念

　デュルケームにとって、教育とは、近代社会に固有な「社会化」の形態である。いいかえれば、学校における意図的・組織的な社会化の形態である。デュルケームは「教育とは、まだ社会生活の面で未成熟な世代に対して成熟した世代が加える働きかけである。教育の目的は、全体としての政治的社会、とりわけ子どもを待ち受ける個別的な環境が、子どもに対して要求する一定の肉体的、知的、道徳的状態を子どもに生じさせ、発達させることである」と述べている（『教育と社会学』pp.58-59〈私訳〉）。

　デュルケームにとって、社会化としての教育は、旧来の完全性を指向する教育学に替わる教育学の基礎概念である。デュルケームは、カント、ミル、ヘルバルト、スペンサーなどが展開した19世紀の近代教育学を完全性を指向する教育学と位置づけ、退けている。デュルケームによれば、この完全性指向の教育学は、人間は神の被造物であり、神に根源的に準拠し、神の完全性を目指さなければならない、というキリスト教の考え方にもとづいて、教育の目的は、全ての人間が普遍的な「人間性」（humanité）に到達することである、と主張する教育学である。

2 協同の精神

　デュルケームにとって、こうした19世紀の完全性指向の教育学に替わるべき教育学が、「有機的連帯」を実現する「協同の精神」を指向する教育学である。「有機的連帯」とは、因習に支配された閉鎖的な村に見られる連帯、すなわち「機械的連帯」ではなく、協同的な生活に満ちた連帯である。この協同的な生活を可能にする各人の内面的な基礎が、互いに助けあう「協同の精神」であり、見返りを求めず他者を助ける無条件の「愛他指向」（altruisme）である。協同の精神も愛他指向も「社会的な生の根本的な

基礎」である（『社会的分業論』〔上〕p.369）。

　デュルケームにとって、こうした「協同の精神」「有機的連帯」を実現するものが、「規律の感覚」「集団への愛着」「自律の意志」という三つの「道徳性」である（『道徳教育論』）。「規律の感覚」は、社会規範の遵守による自己制御の確立である。それは、社会常識にしたがって生活し、自分勝手を禁じ、自分を自分で制御するセンスをもつことである。「集団への愛着」は、具体的な人間が抱く「社会的理想に対する愛着」である。理想的社会の像を通じて他者と連帯することである。「自律の意志」は、社会の「究極的価値」（究極的理想）に理性的に信服する意志をもつことである。「究極的価値」とは協同的＝社会的である道徳性である。その意味で「一人ひとりを社会的存在へと形成すること、それが教育の目的である」とされる（『教育と社会学』p.59〈私訳〉）。

3　アノミーと道徳

　デュルケームが「協同の精神」「有機的連帯」を唱えたのは、当時のフランス社会を変革するためである。デュルケームが生きていたころのフランスは「第三共和制」（1870年から1940年まで）の時代であり、ロートシルトのようなユダヤ系巨大資本家が登場するとともに、そうした経済的成功に刺激されて、多くの人々がなりふりかまわずに利益獲得競争を繰り広げていた。当時の社会は、デュルケームが用いた言葉で言えば「アノミー」（anomie 欲望の無規制）状態に陥りかけていた。

　デュルケームは、人々がアノミーから脱し、社会秩序をよりよくするためには、新しい社会統合の象徴が必要であると考えた。しかし、政界では、カトリック的世界観をもつ王党派と合理主義的世界観をもつ共和派とが政争を繰りかえしていた。しかも、どちらの世界観も十分な訴求力を持たなかった。神という超越性で人心を糾合していたカトリック的世界観は時代遅れになりつつあり、合理主義的世界観も十分な説得力を欠いていた。社会が私利私欲に翻弄されているなかで、新たに社会を統合する普遍的価値が見いだされないでいた。デュルケームの言う「道徳性」は、カトリック

的でもなければ、合理主義的でもない、新しい普遍的価値である。

第3節 デューイの教育の理念

1 デューイの教育概念

　デューイは、教育をさまざまに定義しているが、その一つが有名な次の定義である。「教育とは、経験の意味を拡充し、その後の経験の進路を方向づける能力を高めるように、経験を再構築ないし再組織することである」(『民主主義と教育』〔上〕p.127〈私訳〉)。このようなデューイの教育概念は、あるべき教育を指し示しているという意味で、「教育の理念」である。なるほど、字面だけ見るなら、デューイの教育概念は、実際の教育実践を記述しているかのように見える。しかし、その内実は、実際の教育実践においては見逃されていることである。ここでいわれている「経験の意味の拡充」は、私たちが行う生き生きとした活動が示す連関や連続についての認識が増えることであり、また「経験の進路を方向づける能力」は、「気高い希望」を実現する力であり、そして「経験の再構築」は、他者と協同的に生きるという意味で「社会的」だからである。

　そして、デューイは、「社会的」な生に向かう過程を「成長」と呼ぶ。デューイの成長概念は、あたかも方向性が定められていない単なる前進の過程のように見えるかもしれない。デューイは「ある時代の若者たちは、後に続く時代の社会の構成者であるから、後続の社会の本質は、先行する時代において子どもたちに与えられた諸活動の方向によって規定される。こうした、後続の結果を方向づける行動の累積的動態が「成長」と呼ばれる」と述べている(『民主主義と教育』〔上〕p.74〈私訳〉)。なるほど、成長は、事前に確定された目的に到達する営みではなく、事後的によりよい到達地点が確認される営みであるが、その方向そのものは、「社会的」な生として、またデモクラシーとして、あらかじめ定められている。

2　デューイのデモクラシー概念

　デューイが標榜したデモクラシーは、たんなる政治的な意思決定の方法（制度）ではない。デューイにとっては、デモクラシーは理想社会のヴィジョンであり、相互依存的・相互扶助的な協同体（community）を意味している。デューイは「デモクラシーは統治形態の一つの形態を超えたものである。それは基本的に協同的な生（associated living）の一形態である」と述べている（『民主主義と教育』〔上〕p.142〈私訳〉）。「協同的な生」とは、心の充溢(いつ)（なすべきことをなす喜び）へと向かう個々人の成長が極大化されるように、複数の異質な集団が自由な交流を行うという、生の様態である。

　こうした「協同的」＝「社会的」な生としてのデモクラシーを生み出すために必要なことは、人々が相互の利益を認識しそれに配慮すること、そして時代遅れの位階的な社会習慣を変革することである。すなわち、自分の行動を他者の行動に結びつけ、他者の行動によって自分の行動を修正することであり、また新しい機能的な情況に対応するために、既存の位階的制度を果敢に変更することである（『民主主義と教育』〔上〕p.139〈私訳〉）。

3　子ども中心主義と競争的個人主義を超えて

　つまり、デューイのいう成長への教育は、何の理念もないままに子どもの経験の絶えざる再構築を図ることではなく、他者と社会的＝協同的に生きることに連なる気高い希望を実現するために経験を不断に再構築することである。その意味で、デューイは「成長は生命に特徴的であるから、教育は成長することとまったく同一である。［成長が成長そのものを超える目的をもたないように］教育は教育そのものを超える目的をもたない」と述べたのである（『民主主義と教育』〔上〕p.87〈私訳〉）。

　したがって、デューイは、子ども中心主義者ではない。1899年に、デューイは『学校と社会』という本のなかで「子どもが学校の中心であり、そのまわりにもろもろの営みが組織される」と述べている。この言葉は「子ども中心主義」の表明に見えるが、デューイの言う「子どもが学校の

中心」という考え方と、いわゆる「子ども中心主義」とは異なっている。「子ども中心主義」は、子どものなかの「自然本性」(human nature) を絶対的な善と見なし、この自然本性の表出を促すだけで、子どもはよりよく発達する、という考え方である。これに対し、デューイの言う「子どもが学校の中心」という考え方は、教師の教えるという行為と子どもの学ぶという行為のかかわり合い、相互依存を重視する、という考え方である。

デューイが学ぶと教えるの相互依存、デモクラシーの大切さを説いたのは、当時のアメリカ社会が、競争的個人主義に彩られていたからである。デューイの目に映った当時のアメリカ社会は、巨大資本家の政治支配や、賃金労働者への不当な搾取に満ちていた。市場経済が広がり、協同体が衰退するなか、人々は自己利益を追い求めて他者をけ落とす競争に追い込まれていた。貧しい人はますます貧しくなり、富める人はますます富んでいった。デューイにとって、教育はこうした深刻な社会問題を解決する主要な手段であり、学校は社会変革の主体であった。「不当な特権や不当な搾取を永続させることではなく、それらを矯正する過程に参加することこそ、進歩主義教育の目的」であった（『民主主義と教育』〔上〕p.193〈私訳〉）。

おわりに～制度を超える思想

教育の理念は、歴史的に構成されてきた教育の制度、社会の制度を超える思想のなかにある。これまで見てきたように、ルソーもヘルバルトも、そして彼らを批判したデュルケームもデューイも、それぞれの時代における教育の制度や社会の制度を批判し、それらを乗り越えるために、教育を語っている。彼らの教育思想には、人間・社会を導く理念が見いだされる。

従来、教育の理念を語る思想は、「教育哲学」と呼ばれてきた。教育哲学は、いわば、教育を教導する普遍的価値を語ることを目指す思想である。しかし、人間は、人間・社会を教導する理念、すなわち教育の普遍的価値を語ることができるのだろうか。私たち人間は、人間を完全化するために必要であることを知りうるだろうか。なるほど、そうした能力を否定する人もいるだろう。しかし、私たち人間が普遍的価値を十全に知りえないと

しても、そうであるということは、普遍的価値が存在しないということではない。むしろ逆である。まさに普遍的価値は存在するからこそ、それは十全に知りえないといわれるのではないか。普遍的価値が超越的価値であるから、人間によっては十全に把握されえないといわれるのではないか。おそらく、その普遍的価値は、衝迫(しょうはく)に満ちた情感と透徹した内省を通じて、人に呼びかけられる「声」として人に伝えられるだろう。その「声」は、たとえば「この幼子の命を護(まも)れ」という声であろう。そうした「良心の声」が聞こえない者に、普遍的価値はないに等しい。

【文献一覧】

田中智志「デュルケームと教育科学」「デューイと新教育」今井康雄編『教育思想史』(有斐閣アルマ) 有斐閣、2009年

デューイ, J. (松野安男訳)『民主主義と教育』〔上・下〕(岩波文庫) 岩波書店、1975年

デューイ, J. (市村尚久訳)『学校と社会・子どもとカリキュラム』(講談社学術文庫) 講談社、1998年

デュルケム, E. (麻生誠・山村健訳)『道徳教育論』〔1・2〕(世界教育学選集) 明治図書出版、1964年

デュルケム, E. (井伊玄太郎訳)『社会分業論』〔上・下〕(講談社学術文庫) 講談社、1989年

ヘルバルト, J. F. (三枝孝弘訳)『一般教育学』(世界教育学選集；第13) 明治図書出版、1960年

ヘルバルト, J. F. (高久清吉訳)『世界の美的表現：陶冶論としての教授学』(世界教育学名著選) 明治図書出版、1973年

ルソー, J. J. (樋口謹一訳)『エミール』〔上・中・下〕白水社、1986年

第2章

教育と成長・学び
～教育の実践～

辻　直人

はじめに

　本章では、子どもの成長や学びに合わせて教育実践をどう組織していくのかを考える。教育という行為は教育者と学習者のかかわりの中で成立する。教育実践とは、教育者が人為的に子どもに働きかけ、その成長や学びを促す行為である。つまり教育実践はそれを組織する側、すなわち教育者側の意図によって、その行為の目的や方向性そのものが、根底から規定されることになる。教育に携わる者が、どのような意識において教育実践を組織していけばいいのか、考察してみたい。

第1節　成長と学び

1　「学び」の本質

　「学ぶ」という言葉は「真似ぶ」に由来するといわれる。子どもは養育者などの大人をはじめ、きょうだい、友人らの様子を見ながら、しぐさを真似てみるということがよくある。周囲の存在から学びとる力を持っているとも言えるだろう。それはすなわち、子どもは本来自ら学ぶもの、学びを欲する存在であるといいかえることもできる。教育学者の勝田守一（1908-1969）は「模倣という社会的な能力なしに、人間の子どもの学習を考えることはできない。（中略）そこには、興味と努力とがともなう。努力が興味を生み出し、興味が努力を支える。」（『能力と発達と学習』p.118）と述べている。すなわち、子どもにとって模倣という能力がなければ、学習を続けることはできない。

　人間に限らず、命あるものは自ら伸びようとする。生きようとする力が備わっているのである。種が土の中で必要な水分や温度などの条件を与えられれば自ずと芽を伸ばしていくように。親をはじめとする養育者や身の回りの存在を手本にして、成長しようとする力を幼い命は持っており、そ

れを支え伸ばしていく行為が教育と言える。しかし、教育を施す側と学ぼうとする側、両者の思いが常に一致しているとは言えない。

　教育を施す側とは親（保護者）、教師、学校、地域社会、国家といった主体が考えられる。彼らからは教えたいこと、身に着けてほしいこと、子どもに求める言動、社会の成員として必要なマナーなどを身に着けることが子どもに提示され要求される。勝田は指摘している。

> 　　学習は、模倣によって、社会化するという過程と自己に社会的なものを同化するという過程の二重性を含んでいる。しかもその二重性は長い期間をとれば１つの過程の表裏とみられもするが、しかし、一定の時期では、分かれたままで対立的傾向を示すものだ（『能力と発達と学習』p.118）。

「社会化」とは、個人が社会に適応する過程のことを指す。つまり、個人が社会の一部として取り込まれていく過程と同時に、社会の一部を取り入れて個人となっていく二つの過程を含み、両者は多くの時期において対立関係にある、というのである。

　学びたい側の思いと教えたい側の思いに、しばしば齟齬（そご）が生じることがある。そして、こうした行き違いが学びをつまらなくし、学ぶ意欲を低下させることにつながる。「どうしてこんな勉強をしなければならないの？」と考えたことのある読者は少なくないのではないだろうか。学ぶ意味が分からず、強いられた「勉強」は本人の意欲とは関係なく、かえって本人の欲求や意思を押しとどめて、試験合格のために、ひたすら定められた学習内容を習得させられる。

　従来の教育学では、働きかける側から語られることが多かった。そのため、いかに教えるかということが主要な課題と考えられてきた。いわゆる教授学と呼ばれたゆえんである。しかし、現在はそのような教授学的発想からの転換が求められている。

2　カマラとアマラ

　インドのゴダムリ村で発見された2人の狼少女の話は有名である。1920年10月、その地で宣教活動をしていたシング牧師により、狼5匹と同じ巣に住んでいた少女2名が「救出」された。母親狼は矢で射ぬかれ、子ども狼は市場に売られていった。もう2匹は森へ逃げていった。そのような中、2人の狼少女はシング牧師の運営する孤児院に引き取られ、人間らしい生活をしつけられることになる。

　この少女たちは後にアマラとカマラと名付けられた。アマラは推測で2歳、カマラは8歳ほどだったと考えられている。アマラは「救出」後1年で亡くなる。カマラはその後9年間生き、1929年11月に尿毒症のため他界した。

　果たして何年彼女たちが狼と暮らしていたのか分からない。そもそも、この話自体をフィクションと考える研究者も多い。少なくともシング牧師による『養育日記』によれば、彼女たちの「狼らしさ」はそう簡単には抜けなかった。カマラは2本足歩行するまでに数年かかり、結局2本足で走ることはできなかった。言葉も、同世代の子どもたちのようには最後まで話すことができなかった。変化した面もある。最初は夜行性だったのが、歳を重ねるごとに暗闇を怖がるようになったり、嗅覚が鋭く生肉でも最初は平気で食べていたが、徐々に味覚の変化が生じたりした。ブランコ遊びを好むようにもなった。しかし、従来の教育学や発達論においては、カマラの生涯は成長の失敗例と考えられてきた。すなわち、適切な時期に適切な教育を受けなければ、人間として十全な発達を遂げることはできない、と評価されてきたのである。

　この点に関し、西平直（1957-）は狼少女アマラとカマラの狼性を全く否定し、ある人間観を彼女たちに押しつけてしまうやり方に「抑圧性・暴力性」があると指摘している（『教育人間学のために』p.28）。しかしだからといって、「教育という営みが、不可避的に抑圧であり暴力であるとしても、ではそこから手をひいて、何もしなければ、それでよいのか」。教育実践

は、目の前にいる子どもとかかわることから始めなければ、何の進展もなければ深化もない。しかも、人間社会で生きていく子どもが社会のさまざまなルールやマナー、行動様式を身に着けていくことが教育の最大の目的であるならば、子どもに寄り添うことは二の次になってくる。教育する側にとってみれば、そうした社会化していくこと自体が、子どもの将来を考えてなされるものと信じて疑わない。では、社会化のためには子どもの考えに沿う必要はないのか。子どもらしさや子どもの気持ちを尊重するような働きかけはどう理解すればいいのだろうか。

3　成長と発達

「子どもの成長とは何か」という観点から教育学を構築したのが、デューイ（Dewey, John　1895-1952）である。成長とは絶え間なく未来に進んでいく過程であって、「教育の過程は、連続的な成長の過程であり、その各段階の目標は成長する能力をさらに増進させることにある」（『民主主義と教育』〔上〕p.93）と、とらえている。さらに言い切る。

> 教育は成長することと全く一体のものであり、それ自体を越えるいかなる目的ももたない。学校教育の価値の基準は、それが連続的成長への欲求をどの程度までつくり出すか、そして、その欲求を実際に効果のあるものにするための手段をどの程度提供するかということなのである（『民主主義と教育』〔上〕p.92）。

学校は子どもの連続した成長への欲求を支えていくことこそが役割と考えていた。

他者への依存性のある存在としての子どもは、他者からの支援を前提に成長していく。デューイが基本的に「教育」と見なした営みは、この他者の成長への支援に他ならない。すなわち、デューイにとって教授学的問いである「子どもをいかに教育するか」という関心は重視されていなかったのである。このようなデューイの教育思想は、戦前から戦後にかけて、日

本も含め広く世界に受け入れられた。

「成長」ないし「発達」概念や理論をめぐっては、さまざまな立場から議論が繰り返されている。特に「発達」論に関しては、近年の教育科学において注目されるようになった。発達心理学においては、「発達」を子ども期の特徴ととらえる傾向があり、新教育運動における教育実践に影響を与えた。人間の発達という側面に注目したエリクソン（Erickson, Erik 1902-1994）は、ライフ・サイクルを八つの発達段階（乳児期、幼児期、児童期、学童期、思春期・青年期、成人期、壮年期、老年期）に分けて、価値の上下関係でなく、「人生全体を、いくつかのステージをもって展開する発達の層において描き出そうとする理論」（『エリクソンの人間学』p.77）を提示した。この理論においては、全ての段階も同じ発達の一過程と考えられている。

矢野智司（1954-）は動物性の否定によって人間化するプロセスの企てのことを「発達としての教育」と呼んでいる。発達とは「労働によって世界を同化し、人間自身を人間化するプロセスと論理」（『自己変容という物語』p.29）である。すなわち、近代における学校を中心とした教育観は、子どもが社会性や価値観といった外在的世界を自らの中に取り込む作業（労働）を根本的に内包している。一方、こうした動物性の否定による「発達」を更に否定して、動物性への回帰を目指す動きのことを「生成としての教育」と呼んでいる。なお「生成」に関しては、森昭が『教育人間学：人間生成としての教育』の中で人間生成と教育との本質的な連関の考察を試みている。

第2節　教育実践の目的

1　教育の現代化

教育的行為は、人とかかわることから始まる。それをある目的に従って組織したのが教育実践である。学校教育はカリキュラム（教育課程）が定

められ、それに沿って具体的な教育実践が編成されていく。日本においては、1960年代に「教育の現代化」が叫ばれるようになる。この用語は数学者の遠山啓（1909-1979）が、1963（昭和38）年に「数学教育の近代化と現代化」という論文を発表したことから広く教育関係者の間に流布するようになった（『教育』第153号、1963年2月号）。すなわち現代化とは「論理性と抽象性を積極的にとりこんで」教育を展開する姿勢のことで、特に数学教育の場合「数とか量とか空間とかのそれ自身の体系、構造をつかまえてから、教育内容をハッキリさせてかかろう」とする教育方法を意味し、教育課程の自主編成を目指す動きも見られた。こうした動きは広く浸透し、「60年代の教育実践の発展過程に特徴的であったことは、各地に教育研究サークルがつくられ、地域に根ざしつつも、教育の科学性を追求する研究成果がつぎつぎと発表されたことである」とも指摘されている通り（『資料日本教育実践史5』p.303）、同年代は教育の科学性、系統性が問われた時期と言える。

　たとえば「上越教師の会」は、1962（昭和37）年に「生産労働と科学的認識の順次性とその実践」という研究成果を雑誌『生活教育』（第14巻第1号、1962年1月号）に発表している。彼らは自分たちの過去の実践を振り返り「いったい私達は、子供の科学的な認識を、筋道をたて、順次性にもとづいて指導してきただろうか」という課題を認識するようになる。つまり科学的思考力を系統的に、筋道を立て指導していくことの重要性をここで強調しているのである。

　このような教育観には、子どもの気持ちに寄り添うことや、子どもを中心に考えて教育を行うという意識は後退して、カリキュラムに子どもの日々の教育活動を重ねて、教育内容をいかに理解させるかという意識が強まる傾向があると考えられる。

2　東井義雄の教育観

　ここで、1960年代の代表的教育者として東井義雄（1912-1991）の教育観について検討してみたい。

東井義雄は、1957（昭和32）年に著書『村を育てる学力』を発表して以来、徹底的に地域社会にこだわった教育者だった。多くの若者が村を捨てて都市へと出ていく様子を目の当たりにし、村を忌避するのでなく、貧しい中にも希望を見いだし、地域のために生きる人を育てる、地域の人々と手をつなぎあって生きる生き方を選ぶ子どもを育てようと、自らの教育方針を打ち立てた。子どもが主体的に村の発展を担っていけるような、「村を育てる学力」を育てようと試みたのである。子どもが自らの「生活の論理」に従って主体的に感じ、考えることを根底にすえて、その上で教科として学ぶ内容を「教科の論理」に従って理解することを東井は追求した。東井の主張は、当事者性を強く意識していると言える。

　一つ具体例を紹介しよう。小学2年の算数の時間に、お母さんから200円預かって買い物に行き、最初に95円、次に30円、最後に30円支払ったらおつりはいくらになったか、という問題を出した。ほとんどの子どもは200から95、30、30と順々に買った物の代金を引いていって答えを出した。あるいは、95と30と30を最初に足してから、200から引く子もいた。

　ところが、ある児童はいきなり100から95を引き、次の式では再び100から30を引き、さらに50から30を引き、最後に25と20を足して答え45円と出した。担任の教師は最初この式の意味が分からず、もう一度考え直せと迫った。するとその子は「これ以上考えられるか！」と怒り出した。よくよく話を聴いてみると、その子の考えはこうだった。すなわち、200円もらったと言っても200円硬貨などなく100円玉2枚だったとその子は考えたのだ。だから、最初の買い物では100円玉を使って95円の買い物をし5円残った。次に別の100円玉で30円の物を買い70円残った。70円というのは50円玉と10円2枚であろう。そこで、次に50円玉から最後の買い物である30円を支払い20円のおつりを得た。ポケットには5円と20円が残っているから、合計で45円だ、と説明したのだった。

　このエピソードから、東井は、子どもの気持ちを理解しないで「困った子」と評価することが、子どもを非行に走らせたり自殺に追いやったりするのではないかと考えた。どのような子も皆「生活の論理」を持っている。

その「生活の論理」が無視されたり、放置されたりすることで子どもたちは病んでいく。しかし、こうした子どものことを理解しない教師こそ「困った教師」である。「生活の論理」を鍛え育てることが、子どもを鍛え育てることになる。学習指導も生活指導も、全ての教育活動は「生活の論理」そのものを練り鍛え、たくましい、客観性のあるものに育てあげていく仕事になるべきだと訴える。

　しかし、こうした子どもの思いをくみ取りながら進める教育は、現代化の進行した当時としては異色だった。東井は急激な過疎化の進行する村の動向に歯止めをかけることができなかったことを理由に、1975（昭和50）年、自らの教育について敗北宣言をしている。

　このように、1960年代の日本では、教育課程の系統性、科学性を意識する傾向が強くなり、学ぶ側の主体性、当事者性、学ぶ必然性は後退した形で教育内容が定められていく傾向が見られた。

3　林竹二の学校教育批判

　宮城教育大学学長を務めていた林竹二（1906-1985）は、別の角度から当時の教育内容や、学校教育のあり方を批判している。林は1970年代から80年代にかけて、全国の小中高校で300回に及ぶ出前授業を実施する中で、肌で学校教育現場が抱える問題点を感じていた。林が著書の中で繰り返し問題にしているのは、「学校が学校でなくなった」という点である。

　　いまの小学校以来の学校教育の体制の中で教育を受け、つぎつぎテストの網の目をくぐりぬけて、大学の門まで辿りついたものに、なお学ぼうとする意志が生き存えているのを期待するのは、期待する方がおかしい。学ぶ意志と能力を失うという代価を払ってしかかれらは大学に入学できなかったのである（『教育の再生をもとめて』p.6）。

　つまり、学校でのテストや受験競争をくぐり抜けることにより、子どもたちは学ぶ意志と能力を失っていった。いいかえれば、学校が本来の教育

を行わなくなって「学校教育の空洞化」が進行していることを指摘しているのである。空洞化について訴えている。

> 学校教育が骨抜きになってしまっていること、きびしくいえば、学校に教育がなくなってしまっているということである。(中略)成長を助けるという意志が―さらに生命にたいする畏敬の念のないところには、教育はないのだが、いのちのあるものにたいする敬虔(けいけん)が、いまの一般の学校教育のどこにあるというのだろうか。(『教育の再生をもとめて』p.8)。

　学校は子どもの命を守るのでなく、逆に命を切り捨てている。それはまるで水俣の海でもはや魚が生きられず、土地が毒に犯されて人も動物もまともに生きていけなくなったように、学校も子どもたちが生きられる場所になっていない、と林は認識した。学校が本来の学ぶ場ではなく行政の下部機関、行政権力の「下請け」と成り下がってしまっていること、子どもたちの学ぶ意欲を育てようとせずに、逆に切り捨てているという現実を林は告発したのである。当時、学校現場で吹き荒れたさまざまな暴力行為や非行は、こうした切り捨てられた現実への反抗であり、権力への反発であったと考えられる。
　こうした学校教育の空洞化から脱却するために林が主張したのが、学校がそれぞれの役割である「教育」を回復するしかない、という点であった。本来、授業とは子どもの奥底に潜んでいる宝を引き出す作業であり、子ども自らが学ぶ意欲や姿勢を育てる機会でなければならない。彼自身、全国300カ所の小中高校で授業行脚を試みて、授業こそが子どもを切り捨てる場となるのでなく、「救い」の場となることを強く願うようになった。

第3節　現代的教育実践の模索

　以上見てきたように、系統性の重視、科学性といった現代化の傾向が強

まる一方、受験競争のための指導が横行し、学びの内容が学習者とのかかわりを断ち切られる方向へ進んだ。

「教える」ことを主眼とした教授学から「学ぶ」ことを主眼とした教育学へ、自分に引きつけた学びを展開することが、現代社会において求められるようになってきている。学ぶ主体性の回復が現代的課題である。それは単に児童中心主義教育を実施すればいいという問題ではない。では現代社会に求められる教育実践の「豊かさ」とは何か、考察したい。

1　金森俊朗『太陽の学校』

学びの内容を豊かにする1980年代の取り組みとして、ここでは金森俊朗（1946-2020）の実践記録『太陽の学校』（1988年）を取り上げたい。これは、金沢市の公立小学校での6年生を受け持ったときの記録である。『太陽の学校』で展開されている実践の中に、その後の金森実践を貫き、かつ発展していく数々のテーマ、方法が散見される。

さっそく6年生の4月から、そのユニークな実践は始まる。新学期最初の学習で、室生犀星の詩を読み合うのであるが、しかし金森は犀星の詩を机上で理解させようとは思っていない。学級は「青空教室」を求めて、学校の眼下に流れる犀川へ出かけていった。川へ通じる階段では「先生、このことや。雪あたたかく融けにけり…」と、途中しゃがみこんで詩の一節をかみしめる子がいる。その一方で、残り雪でおおはしゃぎ。しかし、ここで金森は子どもを規律正しく統制しようとはしない。かえって「春をそれぞれに発見し、満喫し、その子らしさを発揮して自然とささやきあえればよい」（『太陽の学校』p.15）と考える。堅苦しく机に座ってお勉強するのではなく、体をリラックスさせて自然体で学ばせるところに大きな特徴がある。それは、子どもの本音に寄り添った対応とも言えるだろう。彼らにとって塾や習い事、宿題の多さ、そして親の期待から来るプレッシャーが大きく、そうした抑圧された感情を解き放ちたい、「もっと遊びたい」という気持ちが根底にくすぶっていた。そのような「子どもの『いたみ』や歪みに迫」ろうとしたのである。金森は心身を解放する場面を意図的に学

級に導入しており、学校教育にフェスティバル的要素が必要であることを再三強調している。こうした取り組みが、児童会が主催し、学年や男女関係なく参加して「遊び」の復権を目指した、「遊びの学校」という取り組みへと発展していく。

　このような考えから、金森学級は頻繁に教室外で時間を過ごしている。たとえば、春の日差しを受けながら屋上で給食を食べたり、ドロンコサッカーに興じたり、校庭に竪穴式住居を作ったりと、体を使ったさまざまな授業を行っている。川遊びやドロンコサッカーは子ども同士、教師と子ども同士、ボディ・コミュニケーションをして心身の解放を促すことになり、春の日差しを感じての給食も、心を落ち着かせ感性を開かせることにつながる。また、竪穴式住居を実際に作るのも、教科書的知識で終わらせずに歴史上の人たちの生活を、豊かに想像できるような取り組みと言えるだろう。しかも、単に遊びとして楽しかった時間に終わらせるのでなく、「生活を通して体で知っていることに教科で学ぶ科学が結合しなければ、生きる力に高まっていかない」(『太陽の学校』p.34) という考えから、子どもらしい活動を重視しつつ、科学的にも知性を高めていくことが追求されている。金森学級には、子どもたちの知的好奇心をかきたてる500冊以上もの学級文庫が備わっており、折に触れ教師の側からも、子どもたちに問題を投げかけ(そしてすぐに答えは言わない)、子どもたち自身がどうしてだろう、調べてみよう、という思いを抱くように促すのである。学習内容を決して教え込むのでなく、子どもたちが率先して興味をかきたて、自ら進んで調べるように環境を整えることが教師の役割であると考えていた。生活と科学の結合という認識は、「地域に根ざした教育の創造」を金森本人が目指していたことから生れているが、これは、東井義雄ら当時の民間教育運動で盛んに検討された課題でもあった。

　金森は授業実践の中で、さまざまな出会いを意図して作り出している。仲間同士の出会いや自然との触れ合いだけでなく、時に外部から、がん患者、ハンディのある人、フォーク歌手などを招いて、子どもたちと直接対話させている。人の生き方を知ることは、子ども一人ひとりにとっても自

分を見つめ直すきっかけになる。学びを単なる知識・見解の習得や、一つの領域（科目、活動など）の中だけに限定するのではなく、全ての教育活動から子どもの全人格的成長を促す実践と言えるだろう。このような実践を可能にするためには、「教師自身の豊かな人間観、人生観」が大切だと金森は指摘する。「今、教育界ではいかに教えるかの方法ばかりに腐心しているが」（『太陽の学校』p.200）、教師自身が子どもを包み込み、全面的に受け入れ、そして全面的にその成長をバックアップしていくような姿勢が本当は必要なのである。そのためには、教師自らが自分の人間観、人生観を磨くことが求められる。子どもを中心として学びのあり方自体が問い直されていると言えるだろう。

2　「学びの共同体」論

本章の最後に、佐藤学（1951-）らが提唱した「学びの共同体」論について紹介したい。これは、「学習」や「発達」が個人の能力の時間軸に沿った変化を指し、個人の能力ばかりに焦点が当たり、そこから能力主義、偏差値による序列化、詰め込み主義的教育などの問題が噴出していることを解決するために提言された考えである。

個人能力還元主義から脱皮するために、「個人が社会との関係の中でどう変わるかに焦点をあてた」関係論的視点を重視する必要がある（『学び合う共同体』p.146）。こうした視点に立てば、一方的に教え教わる関係という二項対立が教え合い学び合う関係からとらえ直すことができる。また、評価に関しても、それまでは教師すなわち教える側に一方的に付与されていた権限だったが、評価行為の双方向性と対話性を考慮した対応が取り入れられた。また「教師たちが互いに実践を創造し交流し合い専門家として育ち合う連帯」すなわち「同僚性」の構築も大きな課題となっている（『学び合う共同体』p.163）。こうした取り組みによって、それまでの学校教育が陥っていた画一主義と権威主義を克服しようという試みである。実際、「学びの共同体」としての学校づくりは、1998（平成10）年以降現在全国に広まり、この提言に沿った教育改革が2010（平成22）年現在で小学校約

2,000校、中学校約1,000校の研究拠点校（pilot school）で推進されている。

おわりに

そもそも子どもは自ら学ぶ力を持っており、その力によって成長を遂げる。教育を施す側はその成長を支援することが求められる。教育実践とはその支援を意図的にカリキュラムなどによって組織して施される教育的行為である。しかし、実際は教える側の意向が強くなり、子どもの必然性に必ずしも合致しない形で教育実践が展開することがある。そのような傾向に対し、実際に多くの弊害が指摘された。現代の教育的課題として、「学びの共同体」に代表されるような実践が模索されている。

【文献一覧】

梅根悟・海老原治善・中野光編著『資料日本教育実践史5』三省堂、1979年
勝田守一『能力と発達と学習』(現代教育101選) 国土社、1990年
金森俊朗『太陽の学校』教育史料出版会、1988年
佐伯胖・藤田英典・佐藤学・占部愼一編『学び合う共同体』（シリーズ学びと文化6）東京大学出版会、1996年
デューイ, J.（松野安男訳）『民主主義と教育』〔上・下〕（岩波文庫）岩波書店、1975年
東井義雄『村を育てる学力』(教師の仕事1) 明治図書出版、1957年
西平直『エリクソンの人間学』東京大学出版会、1993年
西平直『教育人間学のために』東京大学出版会、2005年
二谷貞夫・和井田清司・釜田聡編『「上越教師の会」の研究』学文社、2007年
林竹二『教育の再生をもとめて：湊川でおこったこと』筑摩書房、1977年
森昭『教育人間学：人間生成としての教育』黎明書房、1961年
矢野智司『自己変容という物語：生成・贈与・教育』（自己の研究）金子書房、2000年

第3章

教育と学校・家庭
～教育の場所～

森岡伸枝

はじめに

　現代のマスコミなどの報道にあるように、学校や家庭の教育力の低下が問題となっているが、裏を返せば、これらは教育機能を持つべき場とみなされていることが分かる。だが、学校や家庭はそもそも教育する場所であったのだろうか。そして、現代の学校や家庭はどのような教育機能を持つべきだと考えられているのだろうか。

　そこで、学校や家庭がいつから教育の場となっていったのかを歴史的に検討し、現代におけるこれらの場の意味を論じていきたい。

第1節　学校の歴史
～人々にとっての教育の場となるまで～

1　学校の誕生と人々の教育経験

　わが国の学校制度が始まるのは1872（明治5）年の「学制」公布からである。西欧に倣い、富国強兵を目指した近代化を急務としたわが国では、教育制度（『学制』）を作り、小学校を中心として、知識を人々に伝授することを目指した。だが、教育の中身は、人々の実生活になじまない内容であった。たとえば教科書『小学読本』は当時アメリカで著名だった『ウィルソン・リーダー』を翻訳したものだが、直訳に近いうえに内容や挿絵がアメリカ文化そのものであり、人々が営む仕事や生活に役立つ知識ではなかった。

　これに対し、人々の支持を得ていたのが「学制」以前から存在した手習塾（寺子屋）であった。そこでは兼業農家など比較的裕福で地域の信頼を得た者が師匠となっており、師匠は性別・商家・農家などの家業や理解の度合いに応じた教材を用意し、親の要求に基づいた適切なものを子どもに与え、日常生活に必要な手紙の書き方（往来物）などを教えていた。その他家業の技能については、労働（農作業、丁稚奉公など）を通して、子どもは経験的に学んでいた。このように、子どもに必要な知識・技能は、通

塾や労働経験によって得ることができたのである。

2　学校への違和感

　また、小学校は人々に大きな負担を強いるものだった。というのも授業料は有償であり、「学校設立に要する費用」や「建物の維持費や教材等の設備費、さらには教員の給与等を賄う費用」なども、子どもがいる・いないにかかわらず「地域住民から直接徴収」されていたからである（『試験と競争の学校史』p.154）。ゆえに、現金収入の少ない人々にとって、学校は自分たちを経済的に苦しめ、生活を脅かすものだった。こうして多くの親は学校を無視するか拒否し、就学率は低迷し続けた。以上のことから、学校制度が始められた当初は、人々にとって学校は教育の場として認められがたいものであったといえる。人々は自分たちが継承してきた教育文化と「あまりに違いすぎる」学校教育に対して違和感を持っていたのである（『学びの復権』p.45）。

3　学校の目的　～知識伝授と国民意識の形成～

　森有礼（1847-1889）は1885（明治18）年に初代文部大臣になると、「小学校令」を自ら作成し、学校を単に知識を教える場ではなく、「国家意識、国民意識を形成」する場とした。また、彼は学校行事に天皇に関する祝賀儀式を取り入れ、天皇の肖像画である「御真影」を小学校へ「下賜」することを指示していった（『子どもたちの近代』pp.87-90）。こうして小学校は明確に国民形成を担う場となり、国家体制を支える重要な役割を担うことになったのである。その後、1889（明治22）年に帝国憲法、1890（明治23）年には「教育ニ関スル勅語」が発布されて天皇制国家体制が確立していった。

4　義務教育制度の確立

　そして国家は、1890（明治23）年に改正「小学校令」を出し、親の子に対する教育の義務を課すことで、家族に教育への関心を向けさせた。1893

（明治26）年には文部省訓令を出して、親たちが最も望んでいた女子への裁縫教育を行うように指示した。さらに、1900（明治33）年に改正「小学校令」を出して義務教育の授業料を無償とする。このような制度的変化のほかにも、各学校のレベルでは「村の祭りの日は学校も休みとなり、田植えや稲刈りの時には農繁期休暇」を行い、「親の意向に沿い、村の実態にあわせた学校教育」が行われるようになった（『子どもたちの近代』p.81）。こうして明治20年代後半には就学率は8割を超え、小学校を卒業した者が増加して学校教育が定着していった。

　以上のことから、学校はもともと教育の場として人々に受け入れられていたものではなく、非常に違和感をもたれていたことが分かる。だが明治後半に義務教育制度が確立すると、就学率が向上し、人々は学校を教育の場として認め、子どもが学校へ行くことを当然視するようになったのである。また、義務教育制度が確立すると同時に、学校は単なる知識の伝授の場ではなく、天皇制体制を維持するための国民形成の場としての役割が明確となったことも分かった。では、現代の学校はどのような役割を担っているのだろうか。これについては第3節で考えていく。

第2節　家庭教育の成立の歴史
　　　　　〜地域による教育から家庭による教育へ〜

1　家庭教育の不在

　現代の我々は奇異に感じるかもしれないが、家庭で親が責任を持って子どもの教育をするという考え方は、歴史的につくられたものである。明治期の社会の大半を占めていた農村では、「独自の目標や手段を選択しうるという意味での、独立した〈家庭教育〉は存在していなかった」（『日本人のしつけは衰退したか』p.26）。それよりも村での共通したルール（しきたり）が子どもの規範となっていた。ゆえに実態から見れば、現代のような家族のなかで親子の教育関係は形成されておらず、村の組織である子供組や若者組などが教育関係をつくっていたのである。ただ、当時の教育のあ

りようを単純に理想的なものとみなすのは早計である。当時の子どもや大人は、村組織からの厳しい監視の呪縛から逃れることはできなかったからだ。ともかく、家庭教育というものは自然発生的に存在するものではなかったということは注目すべき事実である。

2　家庭教育の誕生

　第一次世界大戦後になると、産業化の影響で都市へ人口が集中し、都市人口が飛躍的に増加した。当時、都市の中で工場労働者と共に一つの社会階層として登場したのが新中間層だった。新中間層とは、「都市に住む富裕で教養のある新興勢力、すなわち専門職や官吏・俸給生活者など」である（『日本人のしつけは衰退したか』p.53）。彼らは都会に住み、核家族の形態をとっており、祖父母から子育てに関する知識を経験的に学ぶことができなかった。ゆえに彼らは、農村や都市の貧困家庭のように地域・祖父母や姉や兄などの親族に子育てを頼ることができなかった。つまり新中間層の家庭では父親が外で働き、母親が家で家事や育児に専念するという性別役割分担のもと、親（主に母）のみが直接子どもの教育を行う他なかった。この新中間層こそが現代の家庭のルーツであるといえ、各家庭が地域社会とは独立した教育観を持っていたのである。

3　母役割の強調　〜母性神話〜

　こうして家庭が形成されていくなかで、大正期になると『家庭教師としての母』『子どもを賢くするために』といった題目の親向けのガイドブックが多種類発刊された。これらの読者層は核家族ゆえ子育て知識に飢えていた新中間層であり、そこでは子どもの叱り方、子どもの受験対策といった親の子への対応について解説されていた。これらは「家庭での育児・しつけと教育のノウハウを親向けに教えるガイドブックで、それまでになかった」ものであった（『日本人のしつけは衰退したか』p.50）。
　さらに大正中期になると、「母性」という翻訳語が家庭教育研究の書物の中で登場し、「女性は母性や母性愛を自然に備えているため、母こそが

子どもの教育に適任である」という思想が学術界で広まった。さらに「母役割の重要性を理論的に補強する」ものとして「遺伝学」が登場し、従来の子育てという環境要因からではなく、遺伝という観点から「母親の重要性が再認識」されることになった(『良妻賢母という規範』p.167)。現代において、さまざまなメディアで母親の教育役割を強調することが見られるが、実はその考え方はこの当時に、歴史的につくられたものである。

4　国家による家庭教育の推進と母役割の強調

　昭和初期になると、金融恐慌ゆえに国民の経済生活が貧窮化し、社会主義思想が人々の間に浸透した。このため、1929(昭和4)年に文部省は「一、国体観念を明徴にし国民精神を作興すること　二、経済生活の改善を図り国力を培養すること」を目的とした教化総動員運動を始めた(「昭和初期家庭教育政策に関する一考察」)。また、文部省は「国民の一部のみならず全体に亘って良い習慣」の形成を目指し、「家庭生活の立直し」と「科学常識の普及と併せて国民精神を作興する」ために「家庭教育の力を強め」ようとした(『現代家庭教育の要諦』pp.7-8)。その考え方を明文化したものが文部省訓令第18号「家庭教育振興ニ関スル件」である。そこでは「国運」には「家庭教育」が強くかかわり、「放縦ニ流レ詭激ニ傾カントスル風」の原因は家庭教育にあるとし、国家と家庭教育とのつながりを強調している。そして本訓令では家庭教育の責任の所在を「婦人」にあるとし、国家に対する家庭教育の責務は直接的には母親に課せられることとした。こうして家庭は国家体制の中に取り込まれ、学校と同じように国民形成の場となることが強化された。

　ゆえに、家庭教育は自然発生的に生まれたのではなく、新中間層を中心として作り出され、国家のまなざしが向けられるようになったといえる。国家のまなざしのもとで家庭は子どもの教育の責任を持つことが当然となり、それと同時に、母親に教育の負担が課せられたのだ。では、現代の家庭は教育の場としてどのようなことが期待されているのだろうか。このことについては第4節で考えていきたい。

第3節　現代の学校の役割
～知識技能の伝授と人格形成～

1　社会変化に応じた知識技能の伝授

現代の学校の役割の一つは知識技能の伝授にあると考える。周知のようにわが国では、グローバリゼーション、科学技術の進展、高齢化問題など、あらゆる社会的変化が見られる。ゆえに、学校がこれらに対応できる知識技能の伝授を行う必要がある。

グローバリゼーションが進むわが国では、さまざまな国籍の人々が暮らしており、国際的な感覚を身につけることが必要となっている。学校は諸外国についての知識やコミュニケーション技術を身につけさせ、児童生徒に国際人としての自覚を促すことが必要である。科学技術については、わが国の産業は従来の自動車などのモノを作るという生産労働ではなく、ITや福祉医療分野の知識情報産業が主流となっている。このため、人々は常に新しい知識技能を獲得し続けなければならなくなってきている。そしてわが国は世界的にもあまり例のない高齢化社会であり、人々が健康で充実した人生を送れるように学び続けることも大事である。

このような社会経済の変化に伴い、人々は学校教育終了後も労働しながら、主体的に学び続けるという生涯学習社会の実現が求められている。よって学校では児童生徒の学習意欲を高める教育を行うことも重要となる。そして生涯学習政策の一つとして学校は〈いつでもどこでも学べる〉という学習機会の提供を行う役割もある。以上のことから、学校は生涯学習社会の形成に大きな役割を担っているといえよう。

2　集団を通した人間形成

教育基本法によると「教育は、人格の完成を目指し、平和で民主的な国家及び社会の形成者として必要な資質を備えた心身ともに健康な国民の育

成」(第1条)を目指すとある。

　学校の場でもこのような人間形成を目指さねばならない。なお、ここでいう「人格」とは「理性や自己意識の統一性又は自己決定性をもって統一された人間の諸特性、諸能力」である(『逐条解説改正教育基本法』p.31)。

　つまり学校の目的は、平和で民主的な国家や社会となるように、一人ひとりが理性を持ったバランスのとれた人間を形成することにある。たとえば近年の社会問題をみても、脳死問題、個人情報の漏えいなど科学技術の進展とともに、その倫理的責任が問われる複雑な問題・事件が生じている。したがって、さまざまな知識技能を身につけたとしても、それに振り回されるようではいけないことは明白である。将来、子どもたちは地域、企業、国家などさまざまな組織のなかで、その一員としての役割を果たしながら生きていく。社会が健全に発展していくためには、その組織について「悪いところを批判し、それを改める方法を見出す能力」が必要となってくる(『教育とはなにか』p.182)。だが、子どもに「不合理を感じる心がゆたかに成長していなければ、その欠陥を見出すことはできない」だろう(『教育とはなにか』)。ゆえに学校は心豊かに成長することができるような、人間形成の場としての重要な役割を担っている。

　さらに学校には児童生徒が人間関係を正しく築く能力を育てることも求められている。自己中心主義や市場原理が強い力を持つ現代において、「人間として幸福にあずかる権利は平等であり、その人格の価値に変わりはない」という平等意識をもった個人を育成し、「学校が集団というもののほんとうの教育的意味」を考える場として機能することは非常に大事である(『教育とはなにか』p.184)。

3　学びの共同体

　佐藤学によれば、「学校の公共的な使命と責任は『一人残らず子どもの学ぶ権利を保障し、その学びの質を高めること』にあり、学びの〈質と平等性の同時追求〉によって『民主主義社会を準備すること』にある」という(『学校を改革する』p.15)。そして佐藤は学校を学びの共同体として提案

する。そこでは子どもたちも、教師も学び合い、「保護者や市民も学校の改革に協力して参加して学び育ちあう」という（『学校を改革する』p.17）。

　そのために、授業を常に公開するという開放的な学級づくり、教師と教師が対話して授業の質を改善しようとする関係づくり、また従来の授業参観を保護者の学習参加へと変える授業づくりなどが有効であると佐藤は説明している。こういった試みが日本の学校を変えていくことになるであろう。

第4節　現代の家庭の役割

1　養護と教育

　教育基本法第10条（家庭教育）には「父母その他の保護者は、子の教育について第一義的責任を有するものであって、生活のために必要な習慣を身に付けさせるとともに、自立心を育成し、心身の調和のとれた発達を図るよう努めるものとする」とあり、保護者による子どもの養護と教育の責任を説いている。養護とは生命の保持や情緒の安定のために行なう日常的な世話や保護であり、家庭では日常のなかで子どもの健康や安全に気を配らなければならない。また、教育とは子どもの心身の発達を促す働きのことで、家庭では子どもに規則正しい生活を送るように配慮し、しつけを行う中で社会性や道徳性を身につけさせることが必要である。また、家庭は「常に子どもの心の拠り所となるもの」であり、「乳幼児期からの親子の愛情による絆で結ばれた家族とのふれ合い」によって「人に対する信頼感」や「他人に対する思いやりや善悪の判断」や「社会的なマナーなどを身につける上で重要な役割を担う」ものであるという（「子どもたちの未来をはぐくむ家庭教育」）。このように、家庭という場所は子どもにとって養護と教育の両面から非常に重要なものと考えられている。

2　核家族化と子育て

現代では「『夫婦と未婚の子のみの世帯』が866万9,000世帯（児童のいる世帯の70.3％）」であり、「ひとり親と未婚の子のみの世帯」が81万3,000世帯（同6.6％）となっており、核家族世帯は約8割近くとなった（厚生労働省『国民生活基礎調査の概況』）。祖父母や叔父叔母と暮らすような家族形態であれば、親は子どもの育児のサポートや相談を受けることができるだろう。だが、核家族が8割近くなった今では、子どもの育児を夫婦の間で、あるいは一人親がすべて引き受けなければならず、保護者の育児の負担は大きいといえる。

3　女性の社会進出と育児負担

1999（平成11）年の男女雇用機会均等法のもと、女性の残業や休日・深夜労働の禁止項目はなくなり、女性の職業選択がより自由になった。このことで女性の社会進出が増え、経済的な自立が可能となり、共働きの家族が増加していった。しかし、そのような女性の地位の発展的側面とは別に、近年の不況や大量のリストラなどの経済的困難ゆえに、夫婦共に働かざるを得なくなっている。そして、育児休業制度はあるものの、勤務先の都合でそれを利用できない夫婦は多く、最も手のかかる乳幼児の子育て真っ最中の親にとって、働くことと育児の両立は非常に困難なのが現状である。

4　子育て支援政策

このような背景から保育ニーズは高まっているなか、待機児童の問題がある。待機児童とは、保育所の入所要件を満たすものの、入所していない児童のことである。そこでわが国は「待機児童ゼロ作戦」として、保育施設の増加など待機児童をなくしていく政策を打ち出している。

また児童虐待も深刻な問題である。その背景には、親への子育ての負担感、孤立化、不況による心理的経済的負担の増大などさまざまな要因が絡み合っており、社会的に子育ての支援が必要となってきている。そこでわ

が国では、地域子育て支援センターの設置、幼稚園や保育園を中心としたファミリーサポートセンターの設置などの子育て支援事業が展開され、親や子どもをサポートする取り組みが進められている。

5　私たちの子育てへのまなざし〜母性神話を超える〜

すでに見てきたように、女性には母としての性質や本能が生まれつきあるという母性神話は歴史的につくられたものである。だが、現代においても母性神話は根深く存在する。子育てに追いまくられ、ほっとするような自由な時間を持たないなかで、子どもをかわいくないと思うときもあるだろう。だが、このような女性神話に反する気持ちを吐露することはタブー視されがちであり、それゆえに母親たちは孤立し不安のなかに陥ってしまうのである。ゆえに私たちには社会の一員として、子どもの立場だけではなく、親の立場にも立って家庭をサポートすることが求められている。

おわりに

以上のことから、学校・家庭が人々にとっての教育の場となるためには、経済、社会、家族の変化のなかで、国家と人々のせめぎ合いや調和を経なければならなかったと言える。

現代において、学校や家庭はさまざまな教育問題を抱え、その打開策が求められている。そのために今、学校では学びの共同体としての改革がすすめられ、家庭への社会的支援策が必要とされている。これまでの学校や家庭がそうであったように、今後も社会的経済的変化によって、新しい教育の場としての学校、家庭が求められていくことだろう。

【文献一覧】

石島庸男・梅村佳代編『日本民衆教育史』梓出版社、1996年

太田素子・浅井幸子編『保育と家庭教育の誕生：1890-1930』藤原書店、2012年

大日向雅美『母性愛神話の罠』日本評論社、2000年

小股憲明『近代日本の国民像と天皇像』大阪公立大学共同出版会、2005年
勝田守一『教育とはなにか』岩波書店、1966年
小林輝行「昭和初期家庭教育政策に関する一考察」『信州大学教育学部紀要』(49)、1983年
小山静子『良妻賢母という規範』勁草書房、1991年
小山静子『家庭の生成と女性の国民化』勁草書房、1999年
小山静子『子どもたちの近代：学校教育と家庭教育』(歴史文化ライブラリー)吉川弘文館、2002年
斉藤利彦『試験と競争の学校史』(講談社学術文庫)講談社、2011年
佐藤学『学校を改革する』岩波書店、2013年
田中壮一郎監修『逐条解説改正教育基本法』第一法規、2007年
辻本雅史『学びの復権：模倣と習熟』角川書店、1999年
広田照幸『日本人のしつけは衰退したか：「教育する家族」のゆくえ』(講談社現代新書)講談社、1999年
牟田和恵『戦略としての家族：近代日本の国民国家形成と女性』新曜社、1996年
厚生労働省『国民生活基礎調査の概況』2010年
内閣府「平成24年版 子ども・子育て白書」勝美印刷株式会社、2012年
文部省編『学制百年史』帝国地方行政学会、1972年
文部省社会教育局『現代家庭教育の要諦』宝文館、1931年
文部科学省「子どもたちの未来をはぐくむ家庭教育」ブックレット
(http://www.mext.go.jp/component/a_menu/education/detail/__icsFiles/afieldfile/2012/02/29/1312147_01.pdf)

第4章

教育と国家・市場
～教育の制度～

越智康詞

はじめに〜この社会を構成する四つの交換様式〜

　教育とは何か。教育そのものに目を向け、これを詳細に分析するだけが、この問いに向き合う唯一の方法ではない。逆に、教育が社会の中にどのように組み込まれ、いかなる機能を果たしているのか、そこへと視野を広げることで、見えてくるものもある。教育を「国家」や「市場」との関係の中で考察することが本章の課題である。ただしここで重要なのは、「国家」や「市場」をどのように概念化してとらえるかである。

　本章では、ヒトとヒトの「あいだ」に生まれる交通形態に注目し、四つの基底的な交換様式の観点から、社会／世界史の構成を浮き彫りにした柄谷行人（1941-）の枠組み（『世界史の構造』）を参照しつつ、教育と社会の関係（歴史的展開）についての描写を行う。四つの基底的な交換様式とは、「互酬性／贈与交換（共同体）」「略奪と再分配（国家）」「商品交換（市場・資本制）」「自由の互酬性（アソシエーション）」である。

　互酬性は、ヒトとヒトのかかわりを軸としつつも、一人ひとりの意志を超えたところで展開する人間的かつ超個人的な交換であるが、モノ（機能・必要）、意味（アイデンティティ・絆）、関係（権力・政治）など異なるレベルのやりとりが、重層的に進行する未分化な交換である点に特徴がある。こうした未分化な交換が支配する単純な社会から、機能分化を特徴とする近代社会への転換を押し進める上で、暴力の一元的掌握を通して、均質化した指令・権力の作用を社会の隅々にまで浸透させた国家、あらゆるモノを貨幣の力で「商品交換／等価交換」の世界へと包摂していく市場のもたらした貢献は大きい。こうした没人格的な交換様式の拡大によって、豊かで複雑な社会が実現され、人間も自由や自律性を手に入れることが可能になった。

　そして一人ひとりの個性や、人間的成長に配慮した私たちのよく知るあの教育も、機能的に分化した近代社会を前提に成立する。しかし他方で、本書の序章でも触れられているように、国家や市場（機能合理性・有用性などの価値）に過度に依存した社会の今日的編成は、ヒトとヒトのかかわ

りや関係性に危機をもたらし、この社会の教育（人間形成）のあり方にも暗い影を落とす要因ともなっている。本章では、国家や市場と教育の関係の記述・分析に加えて、「自由の互酬性（アソシエーション）」というもう一つの交換様式が、生きた教育や学びを支え、その可能性を展開していく上で、いかに不可欠なものであるかについても検討を行う。

第1節　共同体の教育

　ヒトと社会をつなぐ最も基底的な教育は、他者との人格的交流に基づく共同体の教育である。そもそもヒトは、他者に呼びかけられ、他者たちの語らいの中に参入し、そこに自らの場所を見いだすことで人間＝人格になる。この参入のプロセスは同時に、他者と共に生きていくための実践知を身につけ、互酬的な責務を果たせるようになることで、一人前のメンバーになるプロセスでもある。

　ここで互酬性とは、贈与交換を意味する。贈与交換は、モノの贈与が精神的な負い目（感謝など）を生み、返済の行為（義務）を呼び出すといったように、モノ、精神、行為など多様な質・レベルが混在した交換である点に特徴がある。また、交換されたモノの価値や情報の内容よりも、交換それ自体の効果のほうが、ここではより大きな意味をもつ。

　現代社会においても、知・技術や将来への配慮などの「教育」が贈与交換の形式のもとでやりとりされている。それは愛と感謝の交換であると同時に、贈与を通しての支配、負の贈与への負の返済（復讐（ふくしゅう））でもありうる。いかなる教育も、こうした人格的な交換関係（尊敬・感染・恩・感謝・配慮・愛情・義憤）抜きには、表面的で効果の薄いものにとどまるだろう。

　しかし絆ブームに便乗し、共同体的なるものに幻想を抱きすぎるのは危険だ。共同体的な交換の原理を拡張しすぎると、機能分化した社会のメリット（自由、複雑さ、反省性）を損なうことになる。さらに人格的で未分化な交換においては、さまざまなネガティブな作用が付随しやすい。

たとえば、教育関係に付随する人間的な絆は、時に支配関係として実現することもあるし、贈与交換過程の中で芽生える教育的心性には、精神的負債を通して他者を飼い慣らし、異物を排除することへの衝動が、しばしば隠されている。いじめや体罰が、教育的制裁の名のもとに実行されることはよく知られている通りである。

第2節　市場（商品交換）と教育

　共同体の教育は、ヒトが人間として生きて行く上で最も基底的な教育である一方で、人間の自由を制限するなど、反・教育的な側面も備わったものであった。こうした共同体の閉鎖性・暴力性から人間を解放し、自由な人間性の発展を理念とする近代教育を打ち立て、実現する上で、市場（自由でドライな交換）や国家（暴力の集中と安全の確保）の果たす役割は小さくない。市場と国家は、それなしに今日の教育の発展・繁栄はありえなかったという意味において、教育にとっての恩人である。しかし同時に今日の教育は、人間の個別化・分断を進める市場や国家に大きく従属している点に、その困難・課題を見ることもできる。本節ではまず、市場による教育の誕生と、その変質について概観していくことにしよう。

　市場とは貨幣を介してモノ（商品）の交換が行われる場・機制である。貨幣を媒介することで、「交換」は伝統や人格的なつながりから解放され、ヒト、モノ、文化、情報の広域にわたる活発な交流が可能となる。とりわけそのネットワークの結節点（交易都市）では、早くから物質的にも文化的にも豊かな世界が生まれることになった。

　他方、共同体と共同体の間に発生した商品交換は、次第に共同体の内部へと浸透し、人間を共同体的拘束から切り離し、自由にする。ヒトはモノの所有者となり、交換の主体として自律することになるからだ。こうした市場・商品交換の経験が自明化・自然化したところに、市場モラル（『道徳教育はホントに道徳的か…』）が立ち現れる。人間にはもともと「自己保

存のための自然権（自由）」が備わっており、そうした「自然権の侵害を防ぐ」ために法と強制力が不可欠になる、と観念されるのである。

　ともあれこうして、伝統や土地に縛られず一定の財産を所有する自由な人間（ブルジョア）が誕生した。彼らは普遍的な人間（人権）の概念に依拠しつつ、生まれ（身分・属性）によってではなく、自らの能力・行為によって自らの地位と名誉を基礎づけた。こうした普遍的な人間概念の基礎の上に、教養や教育を通して人格を陶冶するといった、私たちのよく知るあの教育の理念が芽生えてくることになる。

　市場（商品交換）はその後、近代国家と結びついて共同体的制約（人間・土地・貨幣の特権性）を撤廃し、あらゆるものをその要素へと組み込みながら発展し、資本制的経済システムへと生成変化していくことになる。このシステムは資本を生産に投資し、さらなる資本蓄積を目指す自己駆動力を備えたシステム＝運動として組織されるが、この運動は社会を物質的に豊かにする一方、市場の外部（自然環境）を破壊・略奪し、人間を分断・個別化する作用をもつ。

　さて、こうした資本制システムの誕生により、市場と教育の間には新たな関係が発生する。ここでの第1の登場人物は労働者である。土地や生産手段を奪われ、自らの労働力を商品として提供するしかない労働者は、その身体を産業資本に適合させ、最低限の知識・技術を身につけるよう求められるからである。

　第2の登場人物は、労働者階級からの脱出を夢見て日々の努力を惜しまないミドルクラス（新中間層）である（『ミドルクラスを問い直す』）。ミドルクラスにとっての教育と、労働者階級に滞留する労働者にとっての教育とでは、その持つ意味が大きく異なっている。賃金と労働力商品の等価交換を求め、資本との闘争・交渉過程にある労働者とは異なり、ミドルクラスは、教育や家事労働など資本が暗黙に要求するシャドウ・ワーク（労働として支払いを受けない、賃労働を補完する労働）を自ら進んで行う。彼らは資本に敵対するよりも、自ら資本に適合しようとする資本への包摂度のより高い存在なのだ（『シャドウ・ワーク』）。

だが、こうした労働者／ミドルクラスの育成・創出を実際に担当するのは資本ではなく国家である。以下では遅れて近代化をはじめた（したがって国家と教育の関係が見えやすい）日本のケースを念頭に置きながら、国家と教育の関係について概観していくことにしよう。

第3節　国家と教育

　国家と教育の関係で、まず念頭に浮かぶのは公教育の理念ではないだろうか。国家は道具であり、誰がどのようにこの道具をコントロールするかが重要であるなら、権力の独占を廃し市民を主権者として据えた市民革命こそが近代国家の原点となる。そして、市民＝国民による自己統治こそが市民社会（国民国家）の基本理念であるとすれば、国民の教育を受ける権利を保障することは、国家と教育の関係における基本中の基本となる。

　もちろんこうした基本原則の重要性はいうまでもない。しかし、現実に存在する国家と教育の関係を、国家による市民の権利保障（贈与）の観点からイメージするのはあまりにも狭く、ナイーブである。

　まず、国家が提供する教育には、個人の権利保障以外にもさまざまな機能が備わっている。なかでも社会的なインフラの整備、国民統合・文明開化、機会の提供（平等）、社会の諸問題の解決などはきわめて重要だ。だが、国家と教育の関係において本稿が注目するのは、それは単なる国家から国民へのサービス（再分配）なのではなく、略奪し再分配する「交換」として成立している点である。

　ところで、略奪と再分配の交換として作動する国家について、これを時間の流れの中で力動的にとらえると、国家とは絶えず支配権力を拡大する運動であり、とりわけ近代国家は、資本と結託して、富・権力の蓄積を目指す強い衝動に促された存在であることが分かる（『国家とは何か』）。

　さて、こうした性質を持つ国家との関係の中で教育を考えるにあたって、支配権力は、単に暴力・財力の総量で決まるわけではないという点は決定

的に重要だ。暴力は、その都度行使されるのではない仕方で、システマチックに働いてこそ支配権力としての効果を発揮する。このような観点からすると、教育は、いかに国家にとって好都合な装置であるかが見えてくる。

　まず教育は啓蒙（真理を与え人間を自由にする活動）として自らを提示することに加え、立身出世（アメとムチ）の操作でもって民衆の欲望に働きかけるものであり、行為を強制する指令であることが見えにくくなっている。質的に異なる民衆を、伝統・土地から切り離し、その有象無象を飼い慣らし（武装解除＝文明化）、集団的有用性に向けて規律化する教育は、確かに略奪的な姿を露わにするが、そうした略奪も同時に住民に対する安全と生産力の拡大という利益提供として実現している。そして最終的に教育は自ら進んで教育を受け、上昇しようとするミドルクラス的な主体を産出する装置でもある。教育は小さな略奪（強制）で大きな再分配（利益）を実現する、国家とその被支配者の間の、きわめてエコノミーな交換通路なのである。

　しかし、いくらアメを準備し啓蒙の仮面をかぶっても、その意義やメリットを共有しない民衆にとっては、とてつもない暴力・強制として現れることは免れない。逆に啓蒙（民衆の自由）を強調しすぎても、非民主的な政府にとってはリスクが大きい。実際、明治政府は当初、教育の国民への浸透や内容的調整において大変苦労した。

　ここで活用されたのが国家を共同体（贈与交換）とし、教育を国家による贈与として演出するネーションの擬制である。教育勅語や修身教育によるイデオロギー的包摂、さまざまな学校儀礼や学校を所属集団化するクラス制の導入など。このような共同体的演出は、あたかも個人が国家によって人格的に抱擁され、国家（天皇）に多大な恩を負っているかの幻想（脱政治化）を生み出す効果をもつ。

　ただし、ここで教育とネーションの関係を、その内容が国家主義へと偏向したイデオロギー教育の問題へと矮小化すべきではない。国家が計画・命令し、提供する教育には認知的な錯覚や経験の組織化などさまざまな仕方でネーション（国民意識）を強める要素や効果が混入している。たとえ

ば、そのカリキュラムが国民に宛てて編成されたもの（国語、日本史）であること自体が国民的視座を構成し、全ての子どもに同じ教育を与えること自体が、共通の言語・感情で結びついた「想像の共同体」（『想像の共同体』）の土台となる。

第4節　〈資本＝国家＝ネーション〉と戦後の教育拡大

　国家、資本、ネーションを支える交換様式（略奪と再分配、商品交換、互酬性）は、相互に緊張関係にあり、必ずしも調和をもたらすわけではない。だが、この三つの交換様式は、戦後の高度成長と世界的な国民国家システムの下、見事な相互補完的関係の下に置かれてきた。そして教育は、こうした三位一体の体制に支えられると同時にこれを支えるかたちで、この社会に深く根を下ろすことになる。

　その結節点にあるのは、ミドルクラス層（新中間層）の拡大およびそのエートス（業績主義的価値）の一般化である。彼らは学校での成功を通して社会的上昇を実現しようとするが、そこには努力・能力に応じてその地位を配分するメリトクラシーの原理が貫通している。むき出しの市場競争は気まぐれで、人間を分断し格差を拡大するが、国民の平等・連帯を夢想するネーションは、全住民のより高度な教育への包摂を求め分裂を解消しようとする。こうして誰もが高校・大学へと進学する大衆教育社会が到来したが、そのことは選別配分機能（職業達成ルート）の学校による独占状態を生み出し、社会の学校依存・学歴主義化を推進した。こうして学校での成功が、能力の証明（アイデンティティー）となり、社会における地位達成（労働力商品としての価値や地位の正当性）と固く結びつくこととなったのである。

　高度経済成長期においては、〈資本＝国家＝ネーション〉のもたらす安定とその果実を国民全体で享受することができた。学校は「学校への適

応」「社会的成功」「人間的価値」を同一視させる錬金術を通して、あるいは社会矛盾を「落ちこぼし」「受験地獄」などの学校批判へと矮小化することを通して、資本の矛盾をうまく吸収したとも言える。もちろんこうした体制は、競争の脱落者にとっては厳しいものである。学校でうまく振る舞えなかったために、低い社会的地位をあてがわれ、その上努力・能力不足という道徳的責めをも負わされることになるからである。しかし、それでもこの時代には余裕があった。経済成長と福祉国家的システムは安心と溜を生みだし、学校は競争システムの中での敗者を共同体的に包摂する保護空間としても機能したのである。

ところがこうして盤石に見えた学校も、高度成長期が終わる頃には次第に揺らぎはじめる。そして1980年代には、自由化・個性化・弾力化をキーワードとする第3の教育改革期に突入することになる。

第5節　経済のグローバル化による資本
～国家の変質と教育～

第3の教育改革の背景には、工業化社会からポスト工業化社会への産業構造の転換などさまざまな要因があるが、ここではグローバル化した市場の影響力の著しい拡大によって〈資本＝国家＝ネーション〉の三位一体構造がバランスを崩し、揺らぎ始めたことに注目しよう。

三位一体構造を揺るがす資本の突出を象徴するのが、自由な市場競争を推進する立場から、国家や共同体についてはその縮小を求める新自由主義イデオロギーや市場モラルの台頭である。「小さな国家」を是とする新自由主義的政策は、税の収奪と再分配（福祉や公共事業）を縮減するだけでなく、もろもろの国家規制を緩和・撤廃し、また公的事業の民営化を押し進めるものでもある。他方、自己責任や公正な競争を求める市場モラルは、人々の連帯や生活を細々と支えてきた、地域・学校・企業などに残存する相互扶助的・共同体的関係を根こそぎ破壊する。こうして労働者は剥き出

しの市場にさらされ、大変な苦境に立たされることになる。とりわけその矛盾は、新規学卒者へと集中し、学校から職業への「移行」における困難を生み出した。日本では、ワーキングプア、ニート、フリーター、引きこもり（過労死や自殺）など若者の問題が深刻化したが、その背景には景気の低迷に加えて、こうした規制緩和に伴う労働条件の悪化や、中間集団の解体が大きく関係している（『若者が無縁化する』）。

　他方でグローバル化した市場は、高付加価値の頭脳労働者に巨大なチャンスを与える。単純労働者への転落を恐れるミドルクラス家族は、労働世界の二極化に敏感に反応し、子どもの商品価値を高めるための商品として教育を利用するようになる。教育の商品化・サービス化の推進により、教育費が高騰し、家族の経済格差が教育格差へと直結する状況が生じた。

　さらに、教育の商品化・サービス化の推進は、学校の組織体制＝内的秩序にも大きな影響を及ぼすことになる。もちろん、そこには国家的な支配権力と閉鎖的な共同体の、悪しき混合体である学校の権威主義・形式主義・閉鎖性を打破し、顧客のニーズに対応した教育サービスを実現するというメリットもある。しかし同時に学校は、普遍的・公共的価値に関与する度合いを弱め、その専門的権威や自律性を衰弱させることになった。教育における公共性・理念性の後退は、教育空間をあからさまな人間力＝商品価値の値踏みの場へと変質させ、いじめ、不登校、学級崩壊、カースト化などさまざまな学校の病理現象を生み出す要因ともなっている。

第6節　イソノミアとしての学び

　『世界史の構造』は共同体、国家、市場に加えて、自由な人間の間の互酬性、アソシエーションとしての第4の交換様式を提示している。これは商品交換によって開かれた自由な個人の上に、互酬的な交換を回復しようとするものである。自由の互酬性は、特異で多様な人間が相互に出会い、結びつき、刺激しあい、多様性・特異性を増大させるものであり、こうし

た交換を通してヒトは、他者や世界との関係性を豊かにしていくことになる。『哲学の起源』は哲学の起源をイソノミア（無支配）に見いだしているが、「私」が単独の存在として自由になるとき、普遍的な地平（倫理の次元）が開示され、哲学が生まれる。

　教育を個人の能力開発（所有モデル）や意図的伝達（計画＝実行モデル）でとらえるなら、自由の互酬性としての交換は、教育と無縁のものという他ない。しかし、教育の制度が切り開く時間＝空間や知を媒介としたコミュニケーションの展開は、こうした自由の交換と深いレベルで呼応している。よく知られているように「学校 School」の語源は「閑暇 Scole」である。自由と遊びの空間。あるいは特異な人間が自由に活動し、現れ、対話し、鑑賞し合う闘技場としての学校。

　たとえ教育が国家や市場の要求のもとで発展してきたものだとしても、そこに知を媒介にしたコミュニケーションが生まれることで、自由の交換・交歓も呼び出される。ただし、ここで知を市場交換的なメタファーのもと、人間の所有物（モノ・実体）としてとらえないことが肝要だ。知の交流は交流に立ち会う双方に気づきを与え、その人格のまとまり／世界観を揺るがす刺激（X）であり、「私」と世界、「私」と他者の関係を再編する力をもつ。知の交流に伴う歓びは、他者の尊重、自己肯定感に加え、他に触発され自己が生成変化するプロセス自体を楽しむ＜学びの態度＞を広げていく。こうした学び合いの空間において、「自己防衛」「知の占有」「知の戦略的使用」は不作法である。

おわりに〜これからの社会、教育のあり方〜

　現在、私たちは歴史の転換点にいる。国家（理性・計画の形式）か、市場（神の見えざる手）かの選択ではなく、〈国家＝資本〉システムに過剰に依存してきたこれまでのありようそれ自体が問われているのである。資本が苦境に陥る中、なおこのシステムへの過剰依存を続けるなら、資本はますますその凶暴性を露わにし、自然や人間などシステムを取り巻く環境に破壊的・収奪的に作用することになるだろう。自然、人間、社会からの収

奪は、私たちが共に生き、活動し、生活する世界それ自体の縮小を帰結し、そこから養分を吸い上げる〈国家＝資本〉もまた衰退する。

ここで〈国家＝資本〉の外部・オールタナティブな領域をいかに育て豊かにするかが一つの鍵となる。近年は絆・共同体的なるものの回復が求められるが、そこには相互抑制的な作用が働き、グローバル化・複雑化した世界への応答性という点で限界がある。むしろ、さまざまな形の第4の交換様式（アソシエーション）を自由に創出し、これを拡張していくことが求められる。

これからの教育への示唆も、ここから受け取ることができる。教育が、計画・実行モデルや有用性・効率性の尺度に支配された〈国家＝資本〉のシステムに従属するのではなく、とりわけ、他者との自由な交換・交歓、既存の尺度を超えた普遍的な価値の追求へと開かれた第4の交換様式をその内部に保持することで、自律的に発展・生成変化していくことが求められる。実際、直接的有用性とは無縁の、興味・関心に依拠したヒトとヒトの相互交流の世界で育まれてきた、学問、教養、思想の展開に、今日の文明は大きく依存している。試行錯誤、チャレンジ、アドベンチャーを支える自由な領域は、複雑で未知の未来に対する「前適応」（環境への事後的適応ではなく、事前に適応能力を準備・拡張する作用）を促す豊かな土壌であると同時に、新しい可能性へと自らを更新し続ける人間性のよき修練の場でもあるのだ。

【文献一覧】

アンダーソン, B.（白石隆・白石さや訳）『想像の共同体：ナショナリズムの起源と流行』（社会科学の冒険7）リブロポート、1987年

イリイチ, I.（玉野井芳郎・栗原彬訳）『シャドウ・ワーク：生活のあり方を問う』（同時代ライブラリー10）岩波書店、1990年

萱野稔人『国家とは何か』以文社、2005年

柄谷行人『世界史の構造』岩波書店、2010年

柄谷行人『哲学の起源』岩波書店、2012年

渋谷望『ミドルクラスを問いなおす：格差社会の盲点』(生活人新書326) 日本放送出版協会、2010年

松下良平『道徳教育はホントに道徳的か？：「生きづらさ」の背景を探る』(どう考える？ニッポンの教育問題) 日本図書センター、2011年

宮本みち子『若者が無縁化する：仕事・福祉・コミュニティでつなぐ』(ちくま新書947) ちくま新書、2012年

第5章

西洋の教育思想と学校の歴史①
～前近代の状況～

室井麗子

はじめに

　日本の近代教育はその範の多くを西洋に求めたが、西洋教育それ自体は古代ギリシアをその源とする。本章では、古代ギリシアからルネサンスまでの教育思想と学校を歴史的にたどっていく。その途上で、私たちは今日の日本の教育にも通ずるさまざまな課題を見いだすだろう。

第1節　古代ギリシアの教育思想と学校

1　レトリック的教養の源流～『イリアス』『オデュッセイア』

　西洋の文化・教養は古代ギリシアに源をもち、それはさらに『イリアス』『オデュッセイア』に源を見いだす（これらはホメロスの作とされるが、もともとはトロイア戦争をめぐり、語り継がれてきた叙事詩である）。そこでは英雄たちが競い合う姿が描かれる。彼らの競争の場は、英雄アキレウスの師ポイニクスの言葉（自分はアキレウスが武勲をたて立派な戦士となり、集会で立派な論客になれるよう付き添っている）に示されるとおり、「戦場」と「集会」である。彼らは、戦場での武勲と、集会での言葉による果し合いで示す雄弁さによって、自らの卓越性(アレテー)を明らかにし、そこで得られる名誉のうちに自らの生の意味を見いだした。古代ギリシアの人々にとって『イリアス』や『オデュッセイア』は教科書・倫理の手引書だった。子どもたちはこれらを暗唱することで「武勲」と「雄弁」を核とする教養を学び取り、それらを備えた英雄たちの生き方を自らの範としたのである。

　言葉を主軸とする教養・教育の理念は、前5世紀のアテナイを中心に活躍したソフィストに継承され、レトリック的教養へと発展する。

2　ソフィストのレトリック教育とイソクラテスのレトリック学校

　前8世紀にギリシア各地にポリス（都市国家）が誕生するが、特に、前5

世紀のペルシア戦争を経てポリスの主役に躍り出たアテナイでは直接民主制が成立し、市民が立法・行政・司法に関与することになる。そこでは、市民を前にした集会や法廷での成否を、弁論の能力が左右することになる。

そこで、弁論能力の育成のためにレトリック（弁論術）を教え始めたのがソフィストたちであった。レトリックとは、言葉で他者を説得し動かすための「語りの技術」であり、「語り手が聞き手に何かを語る」ことを言語の基本的構造ととらえ、語り手と聞き手との関係性に配慮しながら弁論を組み立てる点にその特徴がある。各地の小ポリス出身のソフィストたちはアテナイでレトリックの教授を始め、西洋で最初の職業教師となった。

彼らは「金目当てに教育活動を行い、言葉(ロゴス)を世俗的利益のために利用し、相対主義を主張する欲得ずくの詐欺師」だと、同時代人から批難された。しかし、最初に自らを「ソフィスト」と名乗ったとされるプロタゴラス（Protagoras　前490頃-420頃）が、「万物の尺度は人間である」という言葉で相対主義を示したのは、外国文化との交流による慣習や道徳の多様化・相対化、頻繁な法改正による法の正当性の動揺といった、当時のアテナイの状況を背景にしてのことであった。彼は、このような流動的な状況のもとで、適宜、よりよい判断を下し、そこに人々を誘導しうる高度な言語能力を備えた政治家の育成を目指していたのであった。プラトンの『プロタゴラス』は、ソフィスト批判の書ではあるが、教師プロタゴラスの雄弁の輝きと、それへの若者たちの敬慕や心酔をも今日に伝えている。

ソフィストのレトリック教育は、イソクラテス（Isocrates　前436-338）によってさらに展開される。彼は、ソフィストのゴルギアス（Gorgias　前485頃-385頃）からレトリック教育を受け、人間の本質を言葉(ロゴス)に見いだす。彼は「善き言論は善き思慮に導く」と考え、言論の練磨による人間形成を理念として、前390年ごろアテナイにレトリックの学校を創設する。この学校は、イソクラテスが『ソフィストたちを駁(ばく)す』で列挙した「教育を成功させる諸条件」を満たすべきものであった。それらの諸条件とは、学習者に関しては「素質」「表現の種類（技術）の学び」「訓練」、教師に関しては「精確な説明」「教えられることはすべて教える」「教えられないこと

は模範として示す」、である。この学校にはギリシア中から優秀な若者が押し寄せたが、入門できるのは年間2名のみであった。授業料は、アテナイ市民は無料だが、外国人学生は中流アテナイ市民の年収の2倍ほどであったらしい。イソクラテスは少数の弟子たちに、共同生活を通してレトリックを教授した。それは、弁論の基本型を習得させた後、学生同士で弁論の論戦をさせるという順序だった。論戦の際には学生相互の批評が行われた。またレトリック教育の一環として幅広い学問の学びが推奨され、特に、歴史の学習・研究が、弁論作成のための範例の宝庫として重視された。

3　哲学的教養の源流
　　～ソクラテス、プラトン、アリストテレスの教育思想～

　レトリック的教養と共に西洋教育思想の二大潮流を成しているのが哲学的教養である。その源には、ソフィストの同時代人であり批判者であったソクラテス（Socrates　前470/469-399）がいる。彼の哲学は弟子プラトンの著作が伝えているが、ソクラテス本人にとっては哲学的真理とは生きた対話の中で得られるものであり、彼自身は著作を全く残さなかった。

　ソクラテスが、「無知の知」（無知の自覚）を唱え、対話の手法（産婆術）を用いたことは有名である。そこでは、まずは帰納法的に物事の概念に到達しようとするが、次いで、それら概念が再度の吟味によって思い込みに過ぎないことが暴露され、結局アポリアに陥る。けれどもそれは、真理には到達できないということではなく、自分の知が思い込みにすぎないと自覚しなければ真の知へ到達できないことを示しているのである。ソクラテスの産婆術は、対話の相手が自らの内に潜在している知を、問いを通して自ら反省し顕在化させることを目指していた。そうして初めて真の知の探究が始まるのであるが、それはソクラテスにとっては善の本質を知ることであった。彼にとって「知る」ということは「実践」でもあった。「善の本質を知ること」と「善く生きること」とは同義であり、それは「魂を幸福にすること」と不可分なのである。彼は、善は幸福のためにあるという信念に従って生きたのであった。

ソクラテスの弟子プラトン（Platon　前427-347）は、師の「真の知」の探究を継承し、それをイデアという超越的な存在へと昇華させた。イデアの認識は、時間に拘束された世界の感覚的知覚を超越し、永遠の世界へと認識を上昇させることによって実現される。イデアの認識こそが自己や世界の認識を可能とし、その基準点となるのである。この認識の上昇は『国家』第7巻の「洞窟の比喩」で提示される。洞窟の奥の壁に映る影の世界（感覚的世界）から解放され、太陽の光に照らされた洞窟の外の世界（イデアの世界）へと歩み出た人間は、まぶしさに目が慣れない間は外の世界を見ることができない。しかし徐々に目が慣れていき、ついには太陽（善のイデア）を直視できるようになる。そのような目の方向転換（認識の上昇）こそが教育の課題なのである。

　このような認識の上昇を可能にするのは、美のイデアへの憧憬・欲動としての愛（エロス）と、魂の不滅である、とプラトンは言う。ここで、学習とは「想起」であり（魂はもともとイデアの世界に存在しており、人間の肉体から解放されるとイデアの世界に帰還する）、想起のために適切な補助を提供するのが教育・教師の役割なのである。

　そのカリキュラムは『国家』で具体化されている。初等・中等教育では音楽と体育によって魂の調和が目指される。高等教育では、まず、数学・幾何学の学習を通じて経験から純化された合理的精神の養成が目指され、その後に、問答法（ディアレクティケー）による哲学の教育・研究が行われるのである。

　プラトンの弟子アリストテレス（Aristoteles　前384-322）は、万学の祖と呼ばれる。彼が推論の方法として研究し体系化した論理学は、中世において神学のための弁証法として採用され、スコラ学の結実に貢献する。彼の教育論は『政治学』の最後で語られている。アリストテレスは、国家という共同体があって初めて人間生活は完結し、教育の役割は国家を構成する市民（有閑階級）を有徳な存在にすることだという。戦争や仕事に必要な徳は勇気と忍耐であり、平和と閑暇に固有の徳は哲学であり、両者に共通の徳は節制と正義である。ところで、戦争や仕事のための徳は平和や閑暇を可能にするが、哲学は平和や閑暇を楽しむための徳である。国家に生き

る市民はこれらの徳を備えてこそ真の幸福を得られるのである。

4 プラトンやアリストテレスの学校

　前387年にプラトンはアテナイ郊外のアカデメイアに学校を設立する。そこでは無償で哲学教育と統治者養成が行われたが、プラトンの自身役割は、講義する教授というよりも、研究者たちの方法論に対して助言と批評を与える調整者・組織者だったようだ。アカデメイアの学生・教授だったアリストテレスは、前335年にアテナイ郊外のリュケイオンに学校を設立する。彼は講義を通して、レトリックや政治にかかわる事柄の訓練と、自然学・論理学に関する哲学の教授を行った。アカデメイアやリュケイオンは、イソクラテスの学校と共に、最古の高等教育機関であるといえる。

第2節　ヘレニズム・ローマ時代の教育と学校

1 ヘレニズム時代

　前4世紀後半、ギリシアのポリスはマケドニアの支配下におかれることになる。アレクサンドロス大王のペルシア遠征（前334年開始）は、ギリシア文化圏を東方へと拡大していく。前323年のアレクサンドロスの死から、前27年にアウグストゥスがローマ帝国を設立するまでのヘレニズム時代には、学問・文化の中心地がアテナィから東方へと移動する。

　教育の領域では、レトリック的教養が主流となり、その学習の場は徐々に学校に移行する。子どもは満7歳になると初等学校に通い、読み、書き、暗誦、計算を学んだ。中等教育では文法・文学の教師のもとで学び、高等教育ではレトリックを学んだ。レトリックの理論・教育・学習は体系化され、後にキケロが主題化したレトリックの5科目（発想・配置・修辞・記憶・発表）もこの頃には見いだせる。しかし他方でレトリックはその実践的意義を失い、学校での練習弁論(デクラマティオ)に限定されていく。また数学・幾何学や

哲学は過度に専門化していく。

2　古代ローマの学校とキケロによるレトリック的教養の再興

　ローマは、ポエニ戦争（前264～146）を経てヘレニズム世界を支配し、前1世紀には地中海世界を征服し、前1世紀後半にはカエサルの遠征によってガリアを含めた西ヨーロッパに及ぶ大国家となる。前27年にはアウグストゥス帝が即位してローマ帝国が成立する。

　ローマ人たちは支配下においたギリシアの文化を積極的に摂取した。彼らは、ヘレニズムの学校教育を模倣して3段階の学校教育を導入した。子どもたちは7歳で初等学校へ通い始め、次いで文法教師の学校へ入学し、さらに弁論教師のもとで高等教育を受けた。そこで彼らは、ラテン語（母語）と共にギリシア語（外国語）を学んだ。ローマ人は自覚的に外国の言語・文化の学習・教育を行ったのである。

　そこでレトリック的教養を開花させた代表的人物がキケロ（Cicero　前106-43）である。彼はアテナイなどへ留学し、ギリシア語のみならずレトリック、哲学などギリシアのあらゆる教養を習得した後、その雄弁によって弁護士・政治家として共和制ローマで活躍する。

　キケロは『弁論家について』の中で、過度に思弁的になり専門化されて特殊な知になってしまった哲学や、公的・実践的意義を喪失し形式化してしまったレトリックを憂える。彼はむしろ、人間や社会にかかわる広範な学識・教養に本来の哲学を見いだし、そのような哲学とレトリックとの融合を目指し、それを体現する「弁論家」に理想を見る。彼はまた、弁論家に対し、哲学に加え「自由人にふさわしい学芸（アルテス・リベラーレス）」の学習も要請している。これは中世には神学などの予備学問である「自由学芸」（文法・修辞学・弁証法の三学と、算術・幾何学・音楽・天文学の四科）となり、現代の「一般教養（リベラル・アーツ）」の原型となる。

第3節 古代の終焉から中世へ
〜キリスト教と教育・学校〜

1 キリスト教の誕生とアウグスティヌス

　キリスト教はローマ支配下にあったユダヤ教の中で誕生し、ローマ帝国からは弾圧を受けるが、313年のミラノ勅令によって帝国に公認され、392年にはテオドシウス帝によって国教化される。以後、他の宗教は禁止され、キリスト教がヨーロッパの統一宗教となる。

　古代ギリシアの哲学は、自然から出発し、理性による反省的思考を通じて超越的な存在（真理やイデア）を認識しようとする。それに対してユダヤ教は、一回限りの歴史や人生において、超越的な神や預言者の言葉への信仰と服従の約束によって、救済も約束されると考える。この神の言葉の核心を愛ととらえ直すところがキリスト教の特質となる。超越的な存在を基準に人間の存在や生を把握する構図は理性にも信仰にも共通する。しかし、そこに至る方法が異なるために、「理性・知」と「信仰」という二つの認識方法の調和が、これ以降の西洋思想の課題となり、教育思想の課題ともなった。

　キリスト教の重要な教父アウグスティヌス（Augustinus, Aurelius　354-430）は古代から中世への移行期を生きた。彼は古代学芸を継承しつつ「理性・知」と「信仰」とを調和させるキリスト教思想を構想した。アウグスティヌスによると、人間は幸福を求めており、それは永遠なる神や真理を愛することで成就する。なぜならば、個別的で変化するものへの愛は、常に喪失の危険をはらむからである。神への愛は信仰と呼ばれ、それはいわば重力のようにあらがえないものである。真理への愛は理性によって成就されるが、そのプロセスは以下のようである。人間は理性によって自らの内に不変で完全な真理を発見するが、人間の理性そのものは不完全なものである。この完全と不完全との対比によって、人間の理性は自らを超越した完

全なもの、つまり真理の存在を認識できるのだが、このような超越的で完全なものとは、神の別名にほかならない。なお、超越的な真理への到達は各人が実践すべき課題であるから、教師の役割はその手助けをすることである。

2　カロリング・ルネサンス期の教育と学校

キリスト教の国教化直後、ローマ帝国は東西に分裂する。東ローマ帝国（ビザンツ帝国）ではギリシアの教養が保存され、ルネサンスの古代文芸復興に大いに貢献する。西ローマ帝国は5世紀末のゲルマン侵入によって崩壊し、ヨーロッパは中世と呼ばれる時代に入る。

西方ヨーロッパでは、古代の学校・教育制度も崩壊し、キリスト教の修道院学校や司教座聖堂付属学校と聖職者・修道士が教育の主な担い手となる。ギリシア語と哲学は放棄され、古代の教養は次第に形骸化する。

しかし、古代の教養は修道院の写字生の尽力によって命脈をつなぎ、9世紀に西ヨーロッパを再統一したカール大帝（Charles I　742-814、在位768-814）の下での文芸復興（カロリング・ルネサンス）で再び開花する。教養言語としての中世ラテン語や、子どもの教育、聖職者の資質向上のために教育制度が整えられ、カール大帝の宮廷にも学校とアカデミーが設立される。共通言語と教育制度の整備は、ヨーロッパ世界のグローバル化の礎となった。それはまた、ローカルな諸国語の確立も惹起した。カール大帝は、ラテン語の整備には正確な写本が不可欠だと考え、写字生の活動を激励したのであった。そうして古今聖俗の膨大な著作が図書室に収蔵された。また、ビザンツ帝国との積極的な交流によって、ギリシア・ラテン両言語による聖書の写本なども流布した。このような状況が、中世スコラ学への、さらにはルネサンス・ヒューマニズムへの道を開き整えたといえる。

3　大学の成立とスコラ学

10世紀、西ヨーロッパは再び混乱に陥る。しかし、カロリング・ルネサンスの文芸的遺産は生きながらえ、11世紀以降、都市の司教座聖堂付属学

校と大学において「スコラ学」として再び開花する。

その背景にはラテン語への翻訳によるギリシア哲学、特にアリストテレス哲学の蘇生がある。11世紀にアリストテレスの論理学への関心が再燃し、13世紀末までにアリストテレスの現存著作がほぼラテン語で読めるようになる。そうして、アリストテレス論理学を用いてキリスト教神学を体系化しようとする試みが、まずは都市の司教座聖堂付属学校で起こり、それが初期スコラ学として結実する（なお、「スコラ」とは「学校」を意味する）。

12世紀ごろには都市に大学が設立され始め、高等教育の主要な場となる。最も古い大学は、学生の団体組織として出発したボローニャ大学と、教師の団体組織として出発したパリ大学である。その後ヨーロッパ各地に大学が創設される。教皇の庇護の下、各大学は都市や君主権力から自らの安全と特権を守った。

大学は神学、法学、医学、自由学芸の四つの学部で構成され、学生は基礎教育として自由学芸を学んだ後、各専門学部に進学した。教育方法としては講読（レクティオ）と討論（ディスプタティオ）が用いられた。講読では、教師が権威ある書物を読み、註解を行い、それを通じて学生は学ぶべき学問を修得した。討論はスコラ学の特徴的な教育方法であり、教師にはより自由に一定の問題を掘り下げ、学生には弁証法の原則を実地に適用し、自らの推論の正しさを試す機会となった。

スコラ学は13世紀の大学で最盛期を迎える。アリストテレスのラテン語翻訳書に加え、イスラムの哲学者アヴェロエス（Averroes 1126-1198）によるアリストテレスの優れた注解書がラテン語に翻訳されると、神学部ではアリストテレス論理学研究が一層加速する。そしてトマス・アクィナス（Aquinas, Thomas 1225/1224-1274）においてスコラ学は完成をみる。トマスは、アリストテレスをはじめとする哲学の、神学に対する自律性を認めた上で、哲学とキリスト教神学との融合を図る。彼は人間の理性が人間的条件を超越して信仰の真理に到達し得ることを承認し、理性と信仰の調和を肯定する。ここでは、超越は彼岸にあるのではなく人間の努力と神の恩恵によって到達できるのだとされ、教育の重要性が示唆されている。

第4節　中世からルネサンスへ
　　　　〜ヒューマニズムの教育思想と学校〜

1　ヒューマニズムとレトリック的教養の再興

　中世後期の古代学芸の復興は、ヒューマニズム（人文主義）をその精神とするルネサンスの運動において大きく開花する。ヒューマニズムという言葉は、19世紀初頭にドイツの教育学者ニートハンマーによって創作されたものだが、それは古典語（ラテン語・ギリシャ語）による「フマニタス研究」（文学、文法、修辞学、歴史学、道徳哲学などの人文学）に対応するものである。それはキケロの再発見を通してのレトリック的教養の再興であった（人間性と教養を意味する「フマニタス」は、キケロがギリシア語の「パイデイア」〈教育、教養〉をラテン語に翻訳したものである）。ヒューマニストたちは古代文学や哲学書の発見・収集に努め、それらの翻訳を通してフマニタス研究を熟成させていった。

　このヒューマニズムの祖と呼ばれるのがペトラルカ（Petrarca, Francesco 1304-1374）である。彼は、スコラ学の批判を通して自らの立場を示す。スコラ学者たちはアリストテレスに学問的権威しか見ず、そこに倫理的規範の体系化や神の定義の手法しか見いださない。それに対しペトラルカは、古代の哲学者や作家（特にキケロとアウグスティヌス）の書物を読むことを歴史上の偉大な人間との対話ととらえ、彼らの言葉と雄弁によって自らを道徳的により善き存在へと変容させようとしたのであった。そのためには、古典語の学習や歴史をはじめとするフマニタス研究が必要なのであった。

　このようなペトラルカの精神は、サルターティ（Salutati, Coluccio 1331-1406）やブルーニ（Bruni, Leonardo 1369/1370-1444）らに継承され、15世紀にはイタリア北部の諸都市において一層の開花を見る。14世紀末にはサルターティらがクリュソロラス（Chrysoloras, Manuel 1350頃-1415）をビザンツ帝国からフィレンツェに招聘し、本格的なギリシア語教授が始めら

れている。クリュソロラスの薫陶を受けたブルーニはプラトンの対話編をラテン語に翻訳し、1468年ごろにはフィチーノ（Ficino, Marsilio 1433-1499）がプラトンの全著作のラテン語翻訳を完成させ、プラトンとその哲学を蘇生させる。

2　ヒューマニストの学校

　ヒューマニズムによる教養観・人間観の刷新は、教育論・教育活動にも革新をもたらす。ヴェルジェリオ（Vergerio, Pietro Paolo 1370-1444）やブルーニは教育論を著し、グアリーノ・ダ・ヴェローナ（Guarino da Verona 1374-1460）らは学校を設立して優れた教育実践を行った。グアリーノの学校での学習プログラムは、彼の息子バッティスタ・グアリーノ（Guarino, Battista 1435-1513）の『教授と学習の順序』によって知られる。そこでは教育課程が三つ（初等コース・文法学コース・修辞学コース）に分けられ、学生たちは段階的に古典語とレトリックを学んでいた。また、グアリーノは、特にギリシア語の学習をラテン語と同じくらい重視していた。

　ヒューマニストの学校にはヨーロッパ全土から学生が集まり、ヒューマニズムの精神は彼らによってヨーロッパ中に普及していく。また、15世紀中期に完成された活版印刷もこの普及に貢献した。

3　ルターの宗教改革とカトリック教会の宗教改革
　〜イエズス会の学校〜

　ヒューマニズムには、古代哲学とキリスト教との融合という課題が再び力強く現れる。ヒューマニズム運動が広がる中で、教会内部でも改革への動きが高まる。それと軌を一にしたのがルター（Luther, Martin 1483-1546）の『九十五カ条の論題』（1517）に端を発する宗教改革である。ルターは、キリスト教誕生以来その調和が課題とされてきた理性・知と信仰とを分離し、神の恵みの内で「信仰のみによって」救いが得られると主張する。以後、西方キリスト教はカトリックとプロテスタントに分裂する。

　対して、カトリック教会も改革を本格化させる。さまざまな局面でカト

リック改革を具体化したのは、イグナティウス・デ・ロヨラ（Ignatius de Loyola　1491-1556）が16世紀前半に創始したイエズス会である。イエズス会は伝道と教育活動をその主たる任務とし、ヨーロッパや、世界中の伝道先に多くの学校を創設した。そこではスコラ学とヒューマニズムの教育を融合させたカリキュラムが採用されていた。デカルト（Descartes, René 1596-1650）もイエズス会の学校で学んでおり、イエズス会の教育活動は近代思想や学校教育にも大きな影響を与える。

おわりに

数学的思考や言語能力の養成、外国語学習の重視、グローバルとローカルが交錯する中での教育の構築など、今日の日本の教育に通ずる諸課題が、前近代の西洋にすでに見いだせる。私たちは、これらの課題に取り組む際には、本章で取り上げた歴史的文脈にも学ぶことが求められるであろう。

【文献一覧】

アウグスティヌス（服部英次郎訳）『告白〔改訳〕』〔上・下〕（岩波文庫）岩波書店、1976年

アリストテレス（牛田徳子訳）『政治学』（西洋古典叢書）京都大学学術出版会、2001年

池上俊一監修『原典 イタリア・ルネサンス人文主義』名古屋大学出版会、2010年

イソクラテス（小池澄夫訳）『弁論集』〔1・2〕（西洋古典叢書）京都大学学術出版会、1998－2002年

伊藤博明『ルネサンスの神秘思想』（講談社学術文庫2095）講談社、2012年

稲垣良典『トマス・アクィナス』（講談社学術文庫）講談社、1999年

今井康雄編『教育思想史』（有斐閣アルマ）有斐閣、2009年

ヴェルジェ, J.（大高順雄訳）『中世の大学』みすず書房、1979年

ガレン, E.（近藤恒一訳）『ルネサンスの教育：人間と学芸との革新』知泉書館、2002年

キケロー（大西英文訳）『弁論家について』〔上・下〕（岩波文庫）岩波書店、2005年

近藤恒一『ペトラルカ研究〔新版〕』知泉書館、2010年

セドレー，D. 編（内山勝利監訳）『古代ギリシア・ローマの哲学：ケンブリッジ・コンパニオン』京都大学学術出版会、2009年

田中美知太郎・藤沢令夫編『プラトン全集』〔全15巻、別巻1〕岩波書店、1974－1978年

沼田裕之・増渕幸男・安西和博・加藤守通『教養の復権』東信堂、1996年

バンガード，W.（上智大学中世思想研究所監修）『イエズス会の歴史』原書房、2004年

廣川洋一『プラトンの学園 アカデメイア』（講談社学術文庫）講談社、1999年

廣川洋一『イソクラテスの修辞学校：西欧的教養の源泉』（講談社学術文庫）講談社、2005年

ブリュレ，Y.（加藤隆訳）『カトリシスムとは何か：キリスト教の歴史をとおして』（文庫クセジュ 909）白水社、2007年

ペトラルカ，F.（近藤恒一編訳）『ルネサンス書簡集』（岩波文庫）岩波書店、1989年

ホメロス（松平千秋訳）『イリアス』〔上・下〕（岩波文庫）岩波書店、1992年

ホメロス（松平千秋訳）『オデュッセイア』〔上・下〕（岩波文庫）岩波書店、1994年

マルー，H. I.（横尾壮英他訳）『古代教育文化史』岩波書店、1985年

マルー，H. I.（岩村清太訳）『アウグスティヌスと古代教養の終焉』知泉書館、2008年

リーゼンフーバー，K．（矢玉俊彦訳）『西洋古代・中世哲学史』（平凡社ライブラリー）平凡社、2000年

リシェ，P.（岩村清太訳）『ヨーロッパ成立期の学校教育と教養』知泉書館、2002年

第6章

西洋の教育思想と学校の歴史②
～教育的関心の誕生～

田口賢太郎

はじめに

　本章は「教育的関心」をテーマにして、西洋の教育思想史上、それがいかにして生じてくることになったのかを見ていく。だがその前に、ちょっと回り道をして「経験」について考えることから始めてみたい。

　私たちはふだん、いろいろなことを経験して、それによって多くを学びながら生きている。初めてチャレンジしたこと、努力の末の成功、あるいはその逆に大失敗。このような「経験」によって私たちは日々、成長していく。「経験」は多くの人にとって大きな関心事である。しかし、たったいま述べたような仕方で、とりたてて意識もせずに「経験」という言葉を使っているが、そもそも「経験」というもの自体はいったい何だろうか。

　身近なところから考えてみよう。たとえば、アルバイトの募集を探しているとき、「経験者のみ」「未経験者歓迎」といった二つのタイプの求人を見かけることがある。「経験」の有無という条件の差異は、仕事の難しさや給与、人手の充足具合などさまざまな要素があるだろうが、一番重要な違いはマニュアルや研修などを通じて「未経験」の状態が克服できるか否かではないだろうか。この場合、「経験者のみ」の募集でいわれているような「経験」の束がその「マニュアル」にあたる。仕事に必要となる「知識」とそれを身につけるための機会である「経験」が、「マニュアル」という形で存在している、ということである。

　「経験」と「マニュアル」が同じようなものだというと、やや突飛な印象を与えるかもしれない。しかし、ある仕事をこなせるようになるにはマニュアルや研修による方法と、いきなり現場に出て手探りで臨む方法がある、といいかえればどうだろう。外側にある知識や技術を自身の内側に取りいれるためのメディア（媒介）が経験であるとするなら、マニュアルはそのうちの一つでありうるというわけである。よく、臨機応変な対応ができない人に対して「マニュアル人間」などと揶揄することがあるが、これは知識や経験の蓄積に裏打ちされた判断力がなく、マニュアルに頼らないと動けない人、という意味だろう。このとき、彼にとって必要なはずの経

験は自身の内側にはなかった——あるいは、外側にしかなかった、ということになる。

このような「経験の外部化」は仕事に限ったことでもないし、今に始まったことでもない。たとえば旅行の際、出発前に詳細なプランを立てて、あらかじめどう動くか決めておいたり、また旅行中、思い出を形に残すために写真を撮ったりする。これらも、経験の外部化という意味では「マニュアル」と同じようなものだといえるだろう。

第1節 教育的関心と経験

1 経験と実験

これから経験するであろうこと、これまで経験したはずのこと、これらに共通して言えるのは、多分に不確実な要素が含まれているという点である。気ままな旅は楽しいが不安も残るし、思い出は必ずしも細部までありありと思い出されるとは限らない。経験を外部化することのメリットは、この不確実な要素を減らしてくれるところにある。予定はトラブルを未然に防いでくれるし、写真は記憶を肩代わりしてくれる。

日本語で「験を経る」と書く「経験」という言葉は、多くの西欧語では、ラテン語のexperior（経験する）という言葉に由来する。ここから、experience（経験）という言葉の他に、experiment（実験）という言葉も派生している。私たちは通常、経験のうちでも、予期せずにおこったものについては「偶然」と呼び、意図して起こそうとしたものは「実験」と呼んでいる。不意に訪れるものである偶然の経験は一回的な出来事であり、次いつ起こるとも分からない不安定性・不確実性が伴われる。これに対して「実験」では、その「経験」が常に可能なものとなるように、安定性・確実性の向上が図られる。内部に含まれている不確実性を取り出し、外部に存在している確実なものによって固定された経験が「実験」である。これは、本質的な部

分において、写真やマニュアルとも通じているといえるだろう。

2 実験と教育的関心

ところで、「教育」に固有な経験とはどのようなものだろうか。教育学が取り組んできた「経験」は、近代といわれる時代に向かうにつれて、この「実験」の方面へと進んでいったといえる。たとえばそれを示すものの一つに、世界初の絵入りの教科書であるといわれるコメニウス（Comenius, Johannes Amos 1592-1670）の『世界図絵』（1658）を挙げることができるだろう。彼が願っていたのは全ての人が実物を通して世界を広く学ぶことであったが、それを可能にするためのものとして、この教科書は構想された。世界まるごとの経験がその一冊に封入されているのだ。

また、予期せぬ経験を偶然と呼び、意図した経験を実験と呼ぶのなら、教育という経験の生起する場が設定されれば、そこには実験場という側面も見いだすことができるのではないだろうか。先のコメニウスが「印刷工場」になぞらえていた、「学校」がそれにあたるかもしれない。子どもに必要だと考えられる経験を意図的に引き寄せていく場づくりも、経験の不確実性を排除しようとする努力だったといえるだろう。そして、このような取り組みを背後で促していたものこそが「教育的関心」である。

教育への関心、いいかえれば「よりよい教育を」という思いは、「よりよく」を目指すにあたって不要なものを教育から追い出していった。また、その教育への関心は、「教育という関心」でもある。つまり、子どもに向かう関心が、教育という形をとるわけである。それは教育される者のあり方、そして教育のうちに身を置く子どもたちの経験のあり方を徐々に変えていった。以下では、幾人かの重要な思想家に着目しながら、「教育的関心」の動向を追うこととする。

第2節　教育の可能性と教育的関係性への参入

1　ジョン・ロックの二つの「教育」論

　まずは、17世紀のイギリスの哲学者・政治思想家のロック（Locke, John 1632-1704）の思想から確認していこう。ロックは、オックスフォード大学のクライストチャーチで哲学、宗教、政治などを学び、『統治二論』（1689）、『人間知性論』（1689）をはじめとして、多方面に影響を与える書物を残した人物である。教育についても、ジェントルマンを育てるための教育論である『教育に関する考察』（1693）などを通じて、西欧諸国に与えた反響は非常に大きい。

　その教育論のなかでは、ギリシア語・ラテン語への傾倒、詰め込み主義的な教育法、鞭打ちなどの体罰といった、当時の一般的であった学校教育のあり方が強く批判されている。そのかわりにロックは家庭教育を推奨し、必要以上に時間を費やして古典語の文法を学ぶよりもっと有用で実際的な知識を学ぶべきであると述べ、また体罰よりは、尊敬や名誉などの精神的な賞罰を重視した。

　上記は、『教育に関する考察』で述べられたものであり、ジェントルマンを育てるのにふさわしい教育として考えられたものであるが、ロックはその一方で、救貧法改革案の一環として「労働学校案」（1697）という、手に職をつけていない貧困層に対する教育論も展開している。これは、秩序的で規律の行き届いた労働学校の管理下で学ぶことを通して労働に就くための勤勉さを身につけさせ、あわせて規則的に教会の礼拝に通わせることで信仰心や道徳性の涵養をはかることを目指すものであった。

　これら二つの教育論から、ロックの二枚舌を非難するのは短絡に過ぎるだろう。ジェントリー層と労働者層のそれぞれに対して期待しているものが異なっていたにせよ、いずれの教育論においても、ロックが考えていたのは、当時のイギリスの国力を高めていくという目的にかなうような教育

の構想であった。

2　白紙説と教育可能性

　ロックの教育に関する言説のなかでもとりわけ有名なのが、白紙説である。子どもの心は文字が書かれていない「白紙（white paper）」であって、観念は「経験」によって獲得される、というものである。ラテン語を用いて「タブラ・ラサ（tabula rasa）説」ともいわれるが、これはロック自身が用いたというより、ライプニッツ（Leibniz, Gottfried Wilhelm　1646-1716）が『人間知性新論』において白紙説をこう呼んだことがきっかけであるといわれている。

　ロックがこう主張する以前の教育観では、子どもの精神は白紙というより、あらかじめ内側にあるものが、時を経て展開されていくものだと考えられていた。たとえば、デカルト（Descartes, René　1596-1650）は、精神という実体のうちには、生得的にもろもろの観念が備わっているという立場をとっている。

　しかし、ロックは、生得的に観念が備わっているという考え方を否定し、子どもの精神を何も書かれていない「白紙」の状態であると考え、経験を通じて外部から観念を受け取るのだと主張した。一切の知の源泉が経験によって得られるものであるとなれば、子どもをどのようにも変形・操作することができるとの考えも引き出されてくる。ここに、子どもを形成可能な存在としてとらえ、それを意のままとする教育の大いなる可能性が生まれてくることになる。

3　教育的関係性への参入としつけ

　ただし、ロック自身は、子どもを全くの空っぽの容器のような存在と考えていたわけではない。彼らにも生まれつきの傾向性があり、たとえば苦を避け、快を求めるような傾きを認めていた。だからこそこれを放っておいてはならず、欲望に振り回されてしまわぬように、ちゃんと節制を身につけさせる必要があった。『教育に関する考察』では、しつけについても

多くの筆が割かれている。

　だが、しつけについての記述は、単にジェントルマンを育てるための教育論だったから、というだけでは片付けられない。ロックの教育論にとって、「白紙説」だけではまだ十分ではなかった。精神がさまざまなものを書きつけることのできる白紙であるとしたら、その白紙にどうやったらインクを載せていくことができるか、ということも考えねばならない。しつけの問題は「どうしたら子どもに学習の習慣づけを与えることができるか」、すなわち「いかにして子どもを教育という関係性に入り込ませるか」という問題でもあったのである。

　ロックはしつけ以外にも、面にアルファベットを貼り付けたさいころ遊びを提案している（『教育に関する考察』p.240）。これは、自分の今やっていることが学習であると知らずに、遊んでいるうちにアルファベットの学習ができるというだけでなく、学習に対する態度もこの遊びのなかで習慣として形成されていくことをねらいとしたものである。

　どんなに教育に大きな可能性があろうと、「教育」の舞台に子どもを引き上げなければどうしようもない。ロックにとって、教育の可能性を存分に発揮するためには、その教育が十全に生かせる教育的な関係性を構築することもまた、必要なものであった。

第3節　見いだされた「子ども」

1　子どもの発見者、ルソー

　続いては、ルソー（Rousseau, Jean-Jacques　1712-1778）についてみていこう。ルソーはスイスのジュネーブ出身、革命前夜の18世紀にフランスで活躍した人物である。

　彼もまたロック同様、後世に大きく影響を与えた人物であり、哲学・政治・経済・文学・音楽など多方面にわたって活躍した。遠く離れた日本で

もよく知られている、子どもの頃にやった手遊び「むすんでひらいて」の歌はルソー作のオペラ「村の占い師」の一部だともいわれている。教育に関する著作としては、『エミール、あるいは教育について』（以下、『エミール』と表記）の世界中に与えた衝撃は大きく、後に教育について語る思想家たちは、必ずといっていいほどこの本に言及している。

　その有名な『エミール』という本の冒頭では、次のように書かれている。「人は子どもというものを知らない」（『エミール』〔上〕p.18）。これは、当時の人々が子どもを見たことがなかったとか、子どもが存在しなかったという話ではなく、子どもがどういう存在であるかが人々に認識されていなかった、という意味である。人々が「子ども」のことを分かっていない、ということに気がついたとき、「子ども」が大人とは異なる存在のあり方を示すものである、という理解も導き出される。

2　子どもという存在の固有性と発達論

　では、子どもとは何なのか。一つには、同じ人間でありながらも、大人とは異なる「時間」を生きている存在である、ということができるだろう。「子どもを知らない」とは、子どもというあり方、その存在に固有な時期が認識されてはいなかったということである。

　『エミール』は、主人公であるエミールの成長の時期に合わせて、誕生～乳幼児期・少年期・思春期・青年期・成人期という具合に5編に分かれており、この構成には「発達論」を読み取ることができる。

　ルソーは、それぞれの発達段階で、子どもが内に秘めているものに即した教育を行うことで、そこに内在しているものが発現していくとしている。たとえば良心や理性は人為的に作り出されるものではなく、はじめから子どもに内包されているものであり、しだいに外に現れ出てくるものであると考えられていた。

3　消極教育

　『エミール』にはもう一つ、次のような有名な言葉がある。「万物をつく

る者の手をはなれるときすべてはよいものであるが、人間の手にうつるとすべてが悪くなる」（『エミール』〔上〕p.23）。ルソーにとって、経験から排除すべきものは人為的なものであり、したがって合自然的な経験こそが目指されることになる。人為的なものが悪だとすると、大人が子どもに対して外側から何かを教えることには、与える内容と方法の二重の問題があることになる。教育の課題が子どもの内在性の外化であるのなら、いかにしてそれをなすべきだろうか。

　そこでルソーが主張した教育の方法が消極教育（éducation négative）である。つまり、大人が直接的に知識を与えることをしない教育の方法である。知識を外側から植えつけるのではなく、子ども自身がさまざまな経験を通して、自ら生きていくための知をつかんでいくことこそが要点であり、教育はその援助という性格を持つことになる。

　ルソーは次のように言う。「ここでわたしは教育ぜんたいのもっとも重大な、もっとも有益な規則を述べることができようか。それは時をかせぐことではなく、時を失うことだ」（『エミール』〔上〕p.132）。有益な時間の使い方という発想を捨てること、つまり、無駄な時間と思われるものにこそ教育の本質が宿るというわけである。消極教育は、どうしても時間がかかる。子どものその都度の格闘は大人からすれば、無駄なことのようにも見える。先に「こうするんだよ」と教えてしまえばあっという間に済んでしまうことを、自分で見つけるように仕向けるのだから、教える側は大層じれったい。

　これに対して、ルソーは次のように反論する。「いわゆる無為な生活をそんなに恐れることはない。全面的に人生を活用するためにけっして眠ろうとしない人、そんな人がいたら、あなたがたはなんと言うか。あなたがたはこういうにちがいない。「この男は非常識な男だ。時を楽しむことを知らない。自分から時を捨てているのだ。眠ろうともしないで、死を求めているのだ」と。そこで、いまの場合も同じだということ、子ども時代は理性の眠りの時期だということを考えるがいい」（『エミール』〔上〕p.163）。

　眠りは活動を休止することに等しい。それは効率的な生産にとっては、

無駄な時間である。しかし、この時間においてこそ、理性はその開花のときを待ちながら、着々と発達しているのだ。つぼみをこじ開けるのではなく、時の流れを待ってそれが自然と花開くのを待つように、理性が発達するのを待たねばならない。理性は、困難な道を通り、そして最後に発達するものであるから、理性によって子どもを教育しようとすることは、終わりにあるものからはじめるようなものだ。それは「つくらなければならないものを道具に使おうとすることだ」とルソーは述べている（『エミール』p.124）。

4　ロックとルソーの「経験」

　これまで見てきた点を踏まえて、ロックとルソーを比べるならば、教育者の取り組みという観点に立ってみたとき、両者は対立している。一方のロックは詰め込み主義を批判的に見ていたものの、精神に書きつけることができるという主張から考えれば注入主義的である。他方のルソーは、教師が外側から非教育者の精神に知識を与える、という方法ではなく、教育者はどちらかというと見守ることが仕事であって、子どもが時間をかけて自ら学ぶのである、というものであった。

　しかし、両者とも、被教育者のある状況に期待しているという点では一致している。それは、「経験」から学び、成長するというものである。人が成長していくその都度の契機となっているものが経験であり、これを段階的に経ていくことで少しずつよりよき状態へと近づいていくとの考えを引き出すものである、という点では双方とも同一平面状に位置している。

　ロックは経験のもつ教育可能性と、それを発揮するための教育的な関係性の構築を思案した。ルソーは、大人が子どもに伝えるものがそのまま善であるという前提に異を唱え、教えたことがそのまま伝わって子どもの知となるという教育の素朴な信念に対して疑念を向けた。それは、ロックよりもさらに進んで経験の重要性を認めることである。教師が子どもの経験を阻害せぬように、子どもらが自ら学ぶように差し向ける援助が教育であり、子どもという特別な時期にそれぞれ必要な「経験」を差し出すことを

ルソーは求めていたのである。

第4節　教育の科学と子どもの形成可能性

1　経験の科学化と形成可能性

　ロックやルソーの生きた時代からさらに下ると、近代国家は整備されてゆき、産業はますます発達していく。その時代の流れのなかで、子どもを科学的に観察し分析することで、子どもにとって適切な教育を行おうという動きも広まっていく。

　この動向は、国民形成の必要性と結びつき、子どもの形成可能性として、教育システムに取り込まれていくことになる。ここにおいて経験は、教育によって思うがままに子どもを操作するためのものであるかのような様相を強めていく。

2　ヘルバルトの教育学

　ドイツで活躍した思想家ヘルバルト（Herbart, Johann Friedrich　1776-1841）は、『一般教育学』において、「教授」のない「教育」は認めないし、「教育」のない「教授」も認めない、と述べている（『一般教育学』p.19）。ここでいう「教育」とは意志や品性を育てるものであり、「教授」は知識の体系を作り上げようとするものである。ヘルバルトは、両者をともに不可欠のものとする「教育的教授」を主張した。

　その際、念頭に置かれていたのは、カント（Kant, Immanuel　1724-1804）の倫理学が導き出した道徳性を目指すことであった。この目的のためにヘルバルトは、まず子どもの興味を心理学的に分析した上で、それを根拠にして教授を展開していくという四段階教授説（明瞭・連合・系統・方法）を提唱した（『一般教育学』pp.90-91）。

　この四段階教授説は、弟子のラインやツィラーらによって、五段階教授

法として、細分化・効率化がすすめられていくこととなる。そもそも「教育的教授」から出発していたはずのヘルバルトの教授論はしかし、結果的に教育の「技術論」として公教育へ浸透し、流布するところとなる。

ヘルバルトは、ロックやルソーとはまた違う観点から「経験」を加工し、教育のうちに取り込もうとしたのであったが、その試みはやがて、教育的行為のうちでも「伝える」という部分的な技術の外部化、教授の技術の科学的な開発に対する熱中のみを引き出すものとなった。いわば、マニュアル化の技法だけが一人歩きしていったのである。

ロックに見られるような白紙説、ルソーの発見した子どもという存在の固有性、そして、ヘルバルトの考案した教授理論に代表される教育の科学など、これらは19世紀に入って、近代国家の成立や産業の進展を背景とし、「教育的関心」によって教育システムの整備・発展が推進されていくなかで結びつきあい、「子どもは何なりと操作・形成することができる」といった教育可能性の観念を肥大化させていく。

3 神の完全性への希求から人間の教育可能性へ

前述したような「教育的関心」の動向は国家や産業に下支えされたものではあれ、この観念は近代化の途上で突然降って湧いたものではなく、下地となっていた思想があった。それは、神的な完全性への希求である。

幼稚園（Kindergarten）を創始したことで知られるドイツのフレーベル（Fröbel, Friedrich　1782-1852）は、教育の統一的原理を「球の法則」であるとした。球の法則とは、いいかえれば、神の法則である。フレーベルは「万物の中に、神的なもの即ち神が宿り、働き、支配している」（『人間の教育』p.9）と述べているが、この神性を体現したものこそが「球」であった。

フレーベルは幼児期の教育に熱を注ぎ、幼児の遊びを評価し、その遊びにおける経験の意義を存分に発揮するために「恩物（Gabe）」を考案した。その恩物にも、神＝球の思想が反映されている。フレーベルは、内的なものの発達は、統一から多様へと分化していくと考え、これに従うように、第1から第8である恩物の形も、六つの毛糸の球からはじまり、円柱や

立方体などを経て、発展的に分化していくように考えられていた。

フレーベルにおいて、この一なるものに始まる発展的な分化は、再び球を描くようにしてまた統一へ、すなわち神のもとへと返るものであると考えられていた。このような神的な完全性を希求する思想は、フレーベルだけに特別だったわけではなく、西洋キリスト教世界に深く根を下ろしたものであった。

ところが、国家の伸張や産業の発達によって近代化が進み、この神聖性が失われていくなかで、神的な完全性への希求は単なる直線的な発展へと変化していく。この際、教育は人間の限りない進歩を支え、どこまでも無限に広がっていく教育可能性へと読み替えられていくことになる。

おわりに

ギリシア神話に、シーシュポスの岩というものがある。シーシュポスは、人間の中でも賢明な者であったが、それが災いして神から罰を与えられてしまう。その罰とは、大岩を山上に転がし上げていくというものである。シーシュポスは大岩を転がし、やっとの思いで山頂に達するが束の間、この大岩が転がり落ち、またはじめから大岩を山上に押し上げていかねばならぬ、というのがこの話の筋である。シーシュポスの悲劇は、何度岩を山上に転がし上げたところでその事実も達成感も何も残らない、確かにそこに経験があるが、それを示す何ものも存在しない、という点にあるだろう。

まったくゼロの経験、というものを現代の私たちは想像できるだろうか。本章でみてきた教育における経験の外部化が地上でつくられる川だとすると、その地下では、経験を内部に蓄積できる所有物とする思想も伏流として形成されていった。外的な確実性が担保されることで、経験は計測可能なものとなり、価値を持つものとして内的に反映されるようになる。そして、価値を計測することができれば、教育はますます巧みに、経験を通じた子どもの支配を可能にするだろう。

それぞれの時代やここで取り上げた思想家たちが持っていた「教育的関心」はおそらく、教育に対する素朴な希望や期待感とともにあったのでは

ないだろうか。だが、そこから発して練り上げられてきたさまざまな思想は時代の趨勢(すうせい)のなかで織り交ぜられながら、やがて子どもを形成可能な対象として把握させる強力な概念として生まれ変わるに至ったのである。

【参考文献】

今井康雄編『教育思想史』(有斐閣アルマ) 有斐閣、2009年

カミュ,A.(清水徹訳)『シーシュポスの神話〔改版〕』(新潮文庫) 新潮社、1982年

コメニウス,J.A.(井ノ口淳三訳)『世界図絵』ミネルヴァ書房、1988年

コメニウス,J.A.(鈴木秀勇訳)『大教授学』(世界教育学名著選) 明治図書出版、1973年

鈴木晶子『イマヌエル・カントの葬列：教育的眼差しの彼方へ』春秋社、2006年

デカルト,R.(山田弘明訳)『省察』(ちくま学芸文庫) 筑摩書房、2006年

フレーベル,F.(岩崎次男訳)『人間の教育：幼児教育論』(世界教育学名著選) 明治図書出版、1973年

ヘルバルト,J.F.(三枝孝弘訳)『一般教育学』(世界教育学選集；第13) 明治図書出版、1960年

森田尚人・森田伸子編著『教育思想史で読む現代教育』勁草書房、2013年

矢野智司『子どもという思想』玉川大学出版部、1995年

ルソー,J.J.(今野一雄訳)『エミール』〔上・中・下〕(岩波文庫) 岩波書店、1962〜1964年

ロック,J.(服部知文訳)『教育に関する考察』(岩波文庫) 岩波書店、1967年

ロック,J.(大槻春彦訳)『人間知性論』〔1〜4〕(岩波文庫) 岩波書店、1972〜1977年

ロック,J.、ゴルディ,M.編(山田園子・吉村伸夫訳)『ロック政治論集』(叢書・ウニベルシタス844) 法政大学出版局、2007年

第7章
西洋の教育思想と学校の歴史③
～近代公教育の形成～

上原秀一

はじめに

　公教育とは何だろうか。国語辞典を見ると、「公的関与のもとに、広く国民に開放された教育」という説明がある（『広辞苑』第6版）。つまり、親や家庭教師によって行われる「私教育」に対して、国民全体を広く対象とした学校で行われるのが「公教育」である。今日のわが国では、公教育は「公の性質」（教育基本法第6条）を有する学校で義務・無償・中立を原則として行われている。こうしたわが国の公教育の原型は、西洋近代にある。

　近代公教育の制度は、18世紀後半以降の欧米近代社会の展開の中で、どのように成立したのだろうか。また、公教育制度の形成はどのような思想によって支えられていたのだろうか。イギリス産業革命、アメリカ合衆国の成立、フランス革命といった欧米社会の大変革の中で、国により多様な過程を経て公教育が形成されていった。本章では、その過程を制度と思想の両面から調べる。

第1節　近代公教育制度の形成過程

1　イギリス産業革命

　イギリスは、17世紀後半の名誉革命によって、他のヨーロッパ諸国に先駆けて、君主の専制支配を脱し、議会制を確立した。市民の自由な経済活動が生まれ、商工業が順調に発展した。そして1760年代には世界最初の産業革命を経験した。牧場で生産した羊毛を材料に、多くの職人の手作業で毛織物を生産する産業から、輸入した綿花を材料に機械工場で綿織物を大量生産する産業へと転換した。

　機械工場では石炭を燃料とする蒸気機関が用いられ、子どもも工場や炭坑で働くようになった。長時間・夜間に及ぶその労働条件は大人の労働者と同様に過酷であった。こうした中、工場主オーエン（Owen, Robert　1771-

1858）らによる運動の影響で、1833年に工場法が制定された。工場法では、年少者の労働時間を制限するとともに、14歳未満の全ての児童を、週6日間、毎日最低2時間、強制就学させることが規定された。

しかし実際には、工場法によって教育が国民の間に十分に普及するには至らなかった。義務教育制度が整備されておらず、十分な数の学校が設立されていなかったからである。1876年の教育法によってようやく、5～16歳の児童に対する親の教育義務が初めて明記される。さらに、1891年の教育法によって、初等学校で授業料が無償となる。こうして、産業革命から100年以上を経て、イギリスの近代公教育が形成された。

2　アメリカ合衆国の成立

アメリカ合衆国は、17世紀前半から北米大陸東部海岸沿いに建設された13のイギリス植民地が、1783年に独立して成立した。イギリス本国による一方的な課税強化に対して植民地側が反発したのをきっかけに、1775年に独立戦争が始まり、1783年のパリ条約で独立が承認された。この過程で、植民地側は、1776年に独立宣言を公布し、全ての人は平等につくられ、生命・自由・幸福追求の権利を持つことを訴えた。

独立後のアメリカは、西方に領土を拡大し、西部地域の開拓を進め、1848年にはカリフォルニアを獲得して西海岸に到達した。その間、1830年ころに産業革命が急速に進行し、工場における少年労働が生み出された。1836年にはマサチューセッツ州が、アメリカ最初の少年労働法を制定し、15歳未満の児童を工場で使用する場合、一定の就学を条件とした。公教育制度が具体的に形成され始めるのは、この時期以降のことである。

政治家のマン（Mann, Horace　1796-1859）が、1837～1849年の12年間、マサチューセッツ州教育委員会の初代教育長として活躍した結果、1852年にマサチューセッツ州はアメリカ最初の義務就学令を制定した。そして、南北戦争（1861～1865年）以後、公教育制度が各州に普及していった。義務就学令は、1864年から続々と制定され、1900年ごろまでには北部および西部の全ての州が義務就学を規定し、1918年に最後のミシシッピ州が制定

した。

3　フランス革命

　フランスでは、1789年7月14日にフランス革命が起こり、君主の専制支配と身分制社会を特徴とする旧体制（アンシャン・レジーム）が崩壊した。同年8月4日には人権宣言が採択された。人権宣言では、「人間は自由かつ権利において平等なものとして生まれ、また、存在する。」として、人間の自由と平等が唱えられた。旧体制へのこうした批判に力を与えたのは、18世紀に発展した啓蒙思想（理性の光で偏見の闇を照らす思想）であった。

　革命後に成立した議会では、国王ルイ16世の処刑の是非や新しい社会のあり方をめぐって、比較的裕福な商工業者が支持する穏健なジロンド派と、貧しい農民が支持する急進的なジャコバン派との間に、熾烈な争いが起こった。ジロンド派は自由を重んじ、ジャコバン派は平等を重んじる傾向にあった。公教育についても、ジロンド派の代表である啓蒙主義の哲学者コンドルセ（Condorcet, Marie Jean Antoine Nicolas de Caritat, marquis de　1743-1794）とジャコバン派の代表である法律家ルペルシェ（Lepeletier, Louis Michel, marquis de Saint-Fargeau　1760-1793）が、教育における自由と平等をめぐってそれぞれ対照的な思想を表明した。

　その後、フランスの公教育制度は、コンドルセが唱えた自由主義的な知育中心の公教育思想によって形成されることとなる。ナポレオン帝政期（1804～1815年）を経て、19世紀末の第三共和政期（1870～1940年）に、フェリー教育大臣（Ferry, Jules　1832-1893）によって、初等教育の無償に関する1881年法と初等教育の義務と世俗性（宗教的中立性）に関する1882年法が制定された。こうして、義務・無償・中立の性質を備えた近代公教育が成立した。

4　ドイツの啓蒙専制君主

　18世紀のドイツ（神聖ローマ帝国）は、大小の領邦が分立した状態にあった。領邦の一つであるプロイセンは、17世紀半ば以降、急速に成長し、

18世紀には帝国内でオーストリアに次ぐ強国となった。18世紀半ばにプロイセンを治めたフリードリッヒ2世（Friedrich II　1712-1786）（在位1740〜1786年）は、フランス啓蒙思想の感化を受けた専制君主の一人であり、啓蒙専制君主と呼ばれる。

　西欧諸国に遅れをとったドイツや東欧では、国の発展のために君主自らが合理的な先端知識を取り入れる「上からの改革」が必要だった。公教育に関しては、フリードリヒ2世は、1763年に「地方学事通則」を公布し、世界で初めて全ての国民に就学義務を課したことで知られている。これは、軍隊増強のために、民衆にも読み書き能力を身につけさせることを狙った政策である。一方で、教育を受けた民衆が上昇志向を持つようになって社会が混乱するのを避ける、という課題も同時に担った、矛盾した政策であったといわれる。

　19世紀に入ると、ドイツはフランスのナポレオンによる侵略を受けて、1806年からその占領下に置かれ、神聖ローマ帝国は消滅した。この危機に際して、哲学者のフィヒテ（Fichte, Johann Gottlieb　1762-1814）は、『ドイツ国民に告ぐ』（1807〜1808年）という連続講演で愛国心を鼓舞して、国民教育の必要性を訴えた。フィヒテ没年の1814年にナポレオンは敗れ、ドイツは占領から解放された。しかし、ドイツ全体に共通する国民教育の構想が具体的に示されるのは、第一次世界大戦後にワイマール共和国が成立する1919年以降のことである。

第2節　近代公教育の形成を支えた思想

1　オーエンの思想

　イギリス産業革命後の都市では、大工場を経営する資本家が巨万の富を築く一方で、労働者は低賃金、長時間労働、不衛生な職場環境など、劣悪な労働条件の下で非人間的な生活を強いられた。オーエンは、人道主義的

な立場からこのような資本主義を鋭く批判した。彼は、1798〜1825年、イギリス北部ニューラナークの紡績工場の経営者として、労働条件や労働者の生活環境の改善を試みた。

　オーエンは、主著『性格形成論』(1813年) において、「人間の性格は例外なしに常に彼らの意志の及ばぬところで形成される。」(p.62) と述べ、労働者の道徳的堕落を本人の責任に帰する当時の常識を批判した。そして、「労働諸階級の訓練と教育のための国民的制度がただちに整備されねばならない。」(p.105) と訴えた。1816年には、ニューラナークの工場に子どもや若者の教育のための「性格形成学院」を開設して、自らの思想を実践に移した。

　オーエンは、1825〜1828年、アメリカ・インディアナ州のニューハーモニーで理想的な共同体の建設を試みた。この試みは失敗に終わってイギリスに帰国したが、その後、オーエンらの運動によって、1833年に工場法の制定に至る。しかし、オーエンの思想は、資本主義を科学的に分析する方法に欠けていたため、後にマルクス (Marx, Karl　1818-1883) らによって空想的社会主義者と批判されることになる。

2　マンの思想

　19世紀半ばにアメリカ・マサチューセッツ州の初代教育長として活躍したマンは、万人に開かれた無償の公立学校である、コモン・スクール (普通学校) の制度の確立を目指していた。しかし、富裕層の中には、無償の公立学校を設立・維持するための税負担に反対する風潮が根強かった。そのため、マンは、『コモン・スクール雑誌』の発行や、教育委員会への12回の年次報告書 (「12年報」) の提出などを通じて、自らの公教育論の普及を図り、富裕層に税負担を受け入れさせるための説得を試みた。

　マンの公教育論には二面性があったといわれる。一つの側面は、学校のための税負担を、全ての子どもの自然権に基づく社会全体の当然の義務として説明する、理想主義的な側面である。これは、『第10年報　マサチューセッツ教育制度論』(1846年) における「神の意志は、生を享ける

すべての子どもの教育権を、自然法および正義の基礎の上に位置づけたのである。」(p.19) という説明に見ることができる。

　もう一つの側面は、学校教育がもたらす経済的効果から税負担の必要性を説明する功利主義的な側面である。この側面は、『第5年報　教育不平等論』(1841年)における「教育のない労働者よりも教育のある労働者の方が生産力において驚くべき優秀さをもっている。」(p.54) という説明に見ることができる。このように、マンは、自然権論と功利主義という二つの側面からコモン・スクールの必要性を訴えたのである。こうした公教育思想が、南北戦争後のアメリカ全土における公教育制度の普及を支えていくことになる。

3　コンドルセの思想

　次にフランス革命期のコンドルセの公教育思想を見てみよう。コンドルセは、革命議会の「公教育委員会」に所属して将来の公教育のあり方を検討した。彼は、1791年の報告書で、「公教育は知育のみを対象とすべきである。」(『公教育の原理』p.31) と述べている。一方、ジャコバン派のルペルシェは、これに反対して、1793年に「真に全員のものである国民的な徳育を要求する。」(コンドルセ他『フランス革命期の公教育論』p.172) と述べている。2人の主張の違いはどこから来るのだろうか。

　コンドルセが「知育のみ」と主張するのは、知育は途中の段階で習得をやめても有益だが、徳育は完全なものでなければならず、途中でやめると有害になると考えているからである。小学校までしか行かない人々と、大学まで行く人々がいたとしても、知育に関してはいずれも社会の役に立つが、徳育は途中の学校段階でやめるというわけにはいかないというのだ。そして、子どもの徳育は親の自然権に属すので、公教育ではなく親が担うべきだともいう。また、次世代の思想の自由を守るためにもこの配慮が必要だとしている。

　一方、ルペルシェは、知育は「職業や才能の違いのゆえに社会の少数の人々の独占的な財産である。」(p.171) とし、全員に共通で全員に利益をも

たらす徳育をこそ公教育が担うべきだと主張している。そして、5〜12歳の男児と5〜11歳の女児を「公立学寮」に入れて、「平等という聖なる法律のもとで、全員が同じ衣服を着用し、同じ食事を取り、同じ教育と同じ配慮を受ける」(p.177) ようにすることを提案している。要するに、コンドルセは自由主義を、ルペルシェは平等主義を、それぞれ公教育論に展開したのだと言えるだろう。

4　フィヒテの思想

　最後に、フランス占領下のドイツで愛国心を育てる国民教育の重要性を唱えたフィヒテの思想を見てみよう。フィヒテは、カント（Kant, Immanuel 1724-1804）からヘーゲル（Hegel, Georg Wilhelm Friedrich　1770-1831）に至るドイツ観念論を代表する哲学者である。ドイツ観念論（理想主義）は、世界を精神（観念）の現れととらえ、現実よりも観念や理想に価値をおくことを特色とする思想の立場である。

　フィヒテは、『ドイツ国民に告ぐ』の中で、外国の支配という危機に際して、長年分裂してきたドイツ人が、国民としての統一を回復する必要があると訴えた。そして、「およそドイツ人であるすべての者に例外なく、新しい教育をもたらすこと、これこそ、いまわれわれに残されている唯一の途であります。この新しい教育は、ある特定の階級の教育ではなくて、およそドイツ人であるもの、個々の国民に例外なく与えられるところの国民教育であります。」(p.24) と述べ、新しい国民教育の必要性を主張した。

　フィヒテの唱える新しい国民教育は、子どもを大人の社会から完全に隔離して、教師と子どもだけで共同生活を送るという方法で行われる。それは、「毒気に満ちた」(p.130) 社会環境から子どもを守って、共同生活の中で理想的な社会秩序を、生徒自らが生み出していけるようにするためであった。フィヒテは、このように社会変革のための国民教育を構想した。

第3節　学校教育の普及と教育学の成立

1　ベル＝ランカスター法

　このようなさまざまな公教育思想に支えられて、各国で学校教育が普及した。新たに普及した民衆向けの学校のために、どのような教育方法が構想されたのだろうか。19世紀前半のイギリスで、ベル（Bell, Andrew 1753-1832）とランカスター（Lancaster, Joseph　1778-1838）が広めた助教法（モニトリアル・システム）は、多数の生徒を一斉に指導するために、年長・優秀な生徒を助教（モニター）とし、教師の指導の下に班に分けた生徒たちの指導に当たらせるという方法である。

　ベル＝ランカスター法とも呼ばれるこの方法は、オーエンとも交流のあった思想家のベンサム（Bentham, Jeremy　1748-1832）によって支持された（オーエンは助教法に批判的だった）。ベンサムは、「最大多数の最大幸福」を原理として近代社会のあり方を考える、功利主義の思想家である。社会改革の一環として、助教法を用いた学校構想を立案するとともに、一望監視方式（パノプティコン）と呼ばれる監獄も考案した。

　一望監視方式は、囚人から看守の姿が見えないように工夫された監獄である。教育学でもしばしば引用される、20世紀フランスの哲学者フーコー（Foucault, Michel　1926-1984）によれば、それは近代的な、ミクロな権力を自動的に作用させる「一種の権力実験室」（p.206）であった。一望監視方式の中で、囚人は見られているか、いないか、分からない状態に常に置かれることによって、自分に対する監視の視線を内面化する。近代的な個人・主体は、実はこうした権力の内面化によって生まれたのだ、ということがフーコーの説明から分かる。

2　ペスタロッチの直観教授法

　助教法と並ぶ近代的な民衆教育方法のもう一つの重要な源流は、スイス

のペスタロッチ（Pestalozzi, Johann Heinrich 1746-1827）による直観教授法である。直観教授法とは、実物などを用いて感覚に訴える学習指導法である。ペスタロッチは、フランス革命の波及による内乱で戦火に見舞われたシュタンツで、孤児院の経営に従事した経験から、民衆教育の新しい方法として直観教授法を考案した。

　ペスタロッチは、小説『リーンハルトとゲルトルート』（1781 〜 1787年）において、産業革命に向かう新しい社会を生きる民衆の姿を描いた。そして、小説の登場人物である、賢明な母親ゲルトルートの名を取った主著『ゲルトルート児童教育法』（1801年）において、自らが考案した直観教授法について説明した。ペスタロッチは、シュタンツ孤児院の経験から、見かけだおしの言葉の知識が、いかに無内容なものであるかを知り、「ほんものの直観認識を民衆教育の基礎に据える」（p.21）ことの必要性を自覚したと述べている。

　ペスタロッチの直観教授法は、自然の形式に従って、混乱した直観から明晰（めいせき）な概念へと至らせるための方法である。そのために、「教授の初歩点」は数・形・語（いくつ、どんなものが、何という名前であるのか）であるとし、これを「直観のABC」と呼んだ。直観のABCから明晰な概念までの道は、「術」によって正しく構成しなければならないと主張した。こうした、ペスタロッチの直観教授法は、フィヒテの国民教育論を通じてドイツの教育にも影響を与えた。

3　ヘルバルトの四段階教授法

　フィヒテに学んだドイツの哲学者ヘルバルト（Herbart, Johann Friedrich 1776-1841）は、ペスタロッチを訪問して刺激を受け、フィヒテの観念的な理想主義を批判して現実的な教育学を学問として確立することを目指した。すなわち、教育学を教育目的を考える倫理学と、教育方法を考える心理学によって学問的に根拠付けようとしたのである。

　主著『一般教育学』（1806年）において、ヘルバルトは、教育の目的は「強固な道徳的品性」の陶冶（とうや）（＝形成）であるとしている。そして彼は、

「教授のない教育などというものの存在を認めないし、また逆に、少なくともこの書物においては、教育しないいかなる教授もみとめない。」(p.19) と述べ、教育（＝徳育）は教授（＝知育）を通じて行われなければならないと主張している。すなわち、道徳的品性は、知的な学習の積み重ねによってしか形成されないと考えているのである。「教育的教授」と呼ばれる〈教育に役立つ教授〉の積み重ねによって、道徳的品性が陶冶されると考える学説である。

ヘルバルトによれば、教育的教授は、「明瞭－連合－系統－方法」からなる四つの段階で行われる。これは、人間の心の働きを、一定の対象に没頭する「専心」と、専心によって獲得した表象を反省し統一する「致思」とによって説明する、彼の表象心理学に基づく考え方である。四段階が生じるのは、専心と致思を静的・動的の2種に区別して、静的専心（明瞭）・動的専心（連合）・静的致思（系統）・動的致思（方法）に構成するからである。

4　ツィラーとラインの五段階教授法

ヘルバルトの教育学はこのように難解であるが、ヘルバルト学派と呼ばれるツィラー (Ziller, Tuiskon 1817-1882) とライン (Rein, Wilhelm 1847-1929) によって学校現場でより使いやすい形に修正された。すなわち、ツィラーは、ヘルバルト四段階教授法の「明瞭」を二つに分け、「分析－総合－連合－系統－方法」からなる五段階教授法を考案した。さらにラインは、これを「予備－提示－比較－総括－応用」に改めた。

このように授業を五段階で編成するヘルバルト学派の学説は、広くヨーロッパやアメリカ、日本の学校における授業のあり方に大きな影響を与えた。しかし後に、ヘルバルト学派の教育学が普及した20世紀初頭には、国際的な新教育運動によってその形式性・画一性が批判されることとなる。

おわりに

以上、本章では、イギリス産業革命期のオーエン、アメリカ合衆国成立期のマン、フランス革命期のコンドルセ、ドイツ啓蒙専制期のフィヒテの

公教育思想をそれぞれ調べてきた。ここから、近代における公教育の形成は、工場における児童労働を抑制・解消して子どもの生存を保障するという課題（イギリス、アメリカ）や、近代社会における自由と平等の理念を教育において調和させるという課題（フランス）、遅れた国力の発展を取り戻すという課題（ドイツ）、国民としての統合を果たすという課題（ドイツ）など、さまざまな課題が複雑に絡み合って展開してきたことが分かる。

　また、近代公教育の形成に伴う学校教育の方法に関する思想を、ベル＝ランカスターからヘルバルト学派に至る流れとして見てみるならば、公教育を普及させるために必要とされた、一斉教授法の課題を知ることができるだろう。

【文献一覧】

　オーエン, R.（斎藤新治訳）『性格形成論：社会についての新見解』明治図書出版、1974年

　コンドルセ（松島鈞訳）『公教育の原理』明治図書出版、1962年

　コンドルセ他（阪上孝編訳）『フランス革命期の公教育論』（岩波文庫）岩波書店、2002年

　世界教育史研究会編『世界教育史大系28（義務教育史）』講談社、1978年

　ハミルトン, D.（安川哲夫訳）『学校教育の理論に向けて：クラス・カリキュラム・一斉教授の思想と歴史』世織書房、1998年

　フィヒテ, J. G.（椎名万吉訳）『ドイツ国民教育論』明治図書出版、1970年

　フーコー, M.（田村俶訳）『監獄の誕生』新潮社、1977年

　ペスタロッチ, J. H.（長尾十三二・福田弘訳）『ゲルトルート児童教育法』明治図書出版、1976年

　ヘルバルト, J. F.（三枝孝弘訳）『一般教育学』明治図書出版、1960年

　マン, H.（久保義三訳）『民衆教育論』明治図書出版、1960年

第8章

西洋の教育思想と学校の歴史④
～新教育の展開～

上坂保仁

はじめに

　現代の学校教育が語られるとき、子どもの個性の尊重、主体的活動の重視、子ども一人ひとりを大切に、といった「教育」に関する文言は、すでに自明的といっても過言ではないほど一般的なものとして用いられる。とはいえ、それらは西洋近代における学校教育制度確立の史的展開にあって、当初から重きがおかれた理念ではなかった。むしろ、学校教育制度確立においては埒外(らちがい)な着想であり、無縁なものですらあった。欧米列強という近代国家の勢力の拡大にとって、国民教育を基軸とした学校教育のシステムづくりは、またとない都合のいい仕組みとして、急速に整備される必要があったのである。そこでは、子どもという人間の精神的、身体的、内面的な、個別性、自主性、主体性に目を向けることなど、考慮される余地すらなかったといえよう。けれども、そのような制度確立の急速な流れの中で、中央集権的に整備されていく学校教育の諸相に対して、早速、さまざまな疑問が投じられはじめる。それらは、観念的な問いかけにとどまらず、現状の改革に乗り出そうとする意欲的な人々によって、次々と実践的行動となり現われた。彼らこそ、新教育という言葉で語られる理論家や実践者たちである。

　本章では、新教育の理念にかかわる重要事項を整理した上で、欧米諸国において運動化した歴史的展開の実際を具体的にとりあげる。そして最後に、新教育の思想史的意義といくつかの課題にふれ、現代にも連なる理念的問題として考察を進めてみたい。

第1節　新教育の理念

1　新教育の背景

　19世紀後半から20世紀初頭にかけて、欧米諸国では、近代的な公教育制

度が整備された。かつてコンドルセ（Condorcet, Marie Jean Antoine Nicolas de Caritat, Marquis de　1743-1794）やジェファソン（Jefferson, Thomas　1743-1826）が掲げた公教育の理念が、ついに現実として、民衆全体に開花する時期を得たのであった。初等教育の義務制化を中軸とした公教育体制の確立は、制度的には万人に対する普通教育という全民就学を掲げることにより、学校教育の機会均等を促した。このことは、いわゆる民主主義的な理念にふさわしい、まさに教育の近代化の象徴として期待されたのである。

　だが、学校教育の実態は旧態依然としたものであった。これは初等教育、中等教育の別を問わない。学校教育の教育内容は、言語中心、古典中心主義といった主知主義に終始し、教育方法にあっては一斉教授による注入主義で貫徹されていた。しかもそれは、教員から子どもに向けての一方向的な指示や命令の域を出ず、学校空間においては教師中心の教育的関係が支配的であった。加えて、学年制による同年齢層の固定化と相まって、画一主義的特質が強固なものとなっていた。そして、制度上、理念的に標榜された学校教育の機会均等は、国家発展のための人材養成の契機、国民統合を急速に推し進める格好の手段として、当時の欧米諸国の国家政策に合致した。欧米列強が目指す世界的規模での権勢拡大のためには、近代公教育制度の確立が、国民教育制度の確立としての役割を果たし、意味を持つものとなったのである。しかしながら、このように確立されていく国民教育制度としての近代公教育制度に対し、時を待たずして批判の声が挙がりはじめた。彼らは、制度化された近代公教育制度の学校教育を「旧教育」と呼んで批判し、現状の改革を開始する。

2　新教育の源流

　旧教育では総じて子どもという存在が大人（社会）によってかき消されてしまっている、彼らはそう考えたといっても過言ではない。成立した公教育体制においては、冒頭でふれたように、子どもの個別性、自主性、主体性は省みられることすらない。学校とは、教室における言語中心の知識注入を柱として、教員によって子どもが管理され訓練される空間としての

機能に終始しているに過ぎず不当である、ゆえに、そのような現状から子どもを解放していかなければならないと考えられた。とはいえ、この状況の救済は先人たちの思想や実践に求めることができた。公教育制度確立以前の、西洋における教育史をひもといてみるならば、子どもの興味や自発性を教育的営為の中心に据えた教育思潮が容易に浮かび上がってくる。現状改革への情熱に燃える彼らは、その主たる源流をルソー（Rousseau, Jean-Jacques　1712-1778）以来の思想的系譜に求めていた。子どもの善性を信頼し、子どもの内面の自然性の尊重を高らかにうたいあげたルソー、「直観のABC」ペスタロッチ（Pestalozzi, Johann Heinrich　1746-1827）、幼稚園（子どもたちの庭）創設のフレーベル（Fröbel, Friedrich　1782-1852）の思想であり、同時にまた、タブラ・ラサを基礎とするロック（Locke, John　1632-1704）の経験論も含まれていたといえよう。

3　新教育という言葉

近代公教育制度の確立期にあって、子どもの自発性を尊重する教育思潮の理念に支えられた人々は、「人間教育」を掲げた教育革新に乗り出す。学校教育の近代化、民主化、そして人間化を指標とし、新しい理念の模索と実験的な改革的試みの動きが、19世紀末から20世紀前半に出現した。それは、旧教育と呼ばれた伝統的教育、すなわち、教育内容の主知主義や書物主義、教育方法の画一主義、教育的関係における教師中心主義を批判し、子どもの自発的活動の尊重を主張するものであり、当時のこのような思想や理論を総称して、「新教育」という。ちなみに、この「新教育」という言葉は、改革の動きの初期に当たる1898年、「旧教育」打破に向け新たな教育実践に挑んだフランスの社会学者ドモラン（Demolins, Edmond　1852-1907）により、同名著作のタイトル『新教育』（*L' Éducation nouvelle*）として、最初に用いられたのではないかといわれている。

4　新教育運動の指導的理念

新教育の思想は、公教育体制の伝統的教育に対する批判と教育革新を自

覚する人々によって、瞬く間に広範な改革運動の波となっていく。19世紀末からの30年ほどの間、欧州諸国を皮切りに、アメリカ、そして日本を含めた世界的規模で、一世を風靡した。この教育改革運動を「新教育運動」（New Education Movement）と呼ぶ。

　新教育運動は、「児童中心教育」（Child-centered Education）、「児童から」（vom Kinde aus）といったスローガンを掲げて推進された。公教育体制下にある既存の学校の内部改革というよりも、むしろ、新しい学校創設によって、新しい教育実践が試みられた。すでに見た、国民教育制度の特徴である主知主義、画一主義、教師中心主義に対する批判と、子どもの自発的活動の尊重を基盤とした、学校教育の人間化と民主化が志向されながら、児童解放運動の高揚と、さらには、国民教育制度に対しての民主化を促す契機ともなった。国民国家の「旧教育」が放つナショナリスティックな特質や、前近代的な古典中心の書物主義のような貴族主義的特権性に対する斬新な挑戦が歴史的に展開されたといえる。

　このような新教育運動の指導的理念は、概ね次の四つの教育思想的特徴に整理することができる。

　①　児童中心主義

　学校教育における書物中心の教科中心主義、方法としての注入主義と教師中心主義に対し、子どもの興味や関心を尊重し、子どもの自発的、自主的、主体的活動を尊重する。それは子どもの善性を信頼するゆえであり、子どもの立場に立ち、子ども本来の成長を信頼する。新教育の中軸的教育観であり、新教育運動の理論家・実践者全般に共通する中心的概念である。

　②　全人主義

　学校教育の主知主義に顕著な、知識の教授を中心とした教育ではなく、人間の感性や徳性を重視し、知・徳・体の全体にわたって、人間の全面的かつ調和的な発達を促すとらえ方である。

　③　活動主義・労作主義

　活動主義とは、学校教育における言語中心の書物主義、一方向的な知識の注入主義を批判し、子どもの感覚器官を通した身体的活動を重視する概

念である。その実際は、教室空間における一斉教授の光景とは異なり、子どもの体験や自主的活動、主体的活動が重視されるものである。同じ文脈では類似の概念として、労作主義といわれる場合もある。

④ 生活中心主義

学校教育において、暗記主義をはじめとした知識習得に力点を置くのではなく、日常の生活において、子ども自身が周りの人間や事象とかかわり合いながら共に成長していくことに力点を置いた概念である。

以上、教育の民主化と自由への信念を内包した、共通の特徴が指摘できるが、その実、理論家・実践者各人の理想や社会的背景の相違によって、概念の度合いに温度差があり、多種多様な様相を呈していた。その意味から、新教育運動の実際は、指導者ごとの理想的理念が相互に補完し合いながら展開したものといえる。

その中で、学校教育における「子ども（児童）中心」という中軸的教育観は、19世紀末から20世紀を迎えた新たな人間復興の機運に後押しされ、あるいは影響を与えながら、新教育の理論家・実践者に共有されていたといえる。興隆する児童中心主義は、20世紀を目前にした1900年、スウェーデンの女性解放運動家ケイ（Key, Ellen 1849-1926）により、20世紀こそ子ども中心の時代となるよう願いを込め著された『児童の世紀』（*The Century of the Child*）というタイトルにその象徴を看取できよう。それでは次に、欧米諸国における新教育運動の実際的展開を地域別に見ていくことにする。

第2節　新教育運動の実際的展開

1　UK（英国）

新教育運動は、イングランドにおける世界最初の新学校（New School）創設に始まるとされる。この新学校は、アボッツホルム校（Abbotsholme

School）といい、1889年、レディ（Reddie, Cecil 1858-1932）によって設立された。イングランド北西部のアボッツホルムに16名の生徒をもって開校した。満11歳から18歳までの男子のみを育成する中等教育の寄宿学校であった。当時、英国の伝統的中等教育は、パブリック・スクールに代表される古典中心主義をはじめとしたものであった。レディはギリシャ・ラテン語といった古典語教授重視と距離を置き、「近代的科学精神に基づき、現代生活に適応した」外国語や自然科学、数学を教育課程に採り入れた。新たな教育内容を、「身体的・手工的」「芸術的・想像的」「文学的・知識的」「道徳的・宗教的」の各領域として設定し、「高尚な英国人」としての、近代的な職業人養成を目標とした。教育方法は活動主義が重視された。アボッツホルム校創設によって、伝統的中等教育に対し、とりわけ教育内容や教育方法の面で、挑戦を試みたレディの改革的貢献は大きい。だがそれは、男子限定の寄宿制に顕著なように、新時代の上層階級に適合した紳士教育の域を出ず、いまだ民衆全体に開かれた中等教育への道のりは遠いものがあった。

　ＵＫにおける、いまひとつの先駆的学校として、1893年創設のビデールズ校（Bedales School）がある。当初レディのもとにいたバドレー（Badley, John H. 1865-1967）が、男女共学の寄宿学校として開校し、より革新的な教育実践をおこなった。

　UKの新教育運動の展開に着目するさい、その教育思想史的意義から避けては通れない人物がもう一人挙げられよう。1921年、サマーヒル・スクール（Summerhill School）を創設した、ニイル（Neill, Alexander Sutherland 1883-1973）である。新教育運動の中で、いわゆる「最自由」と評されるニイルは、教育実践全般にわたり、確かに急進的であった。ニイルの教育理念は、スチュワート（Stewart, William A. C. 1915-1997）が述べるように、「レディのあるいはバドレーのよりもいっそう過激」（*Progressives and Radicals*, p.415〈私訳〉）であった。子どもが授業に参加するか否かも自由であり、一日中遊んでいても、とがめられることはなかった。ニイルは子どもの感情の解放を主張する。大人の主義主張が陰に陽に注入される既存の

学校教育体制を、社会批判の文脈からも鋭く批判し、「子どもたちを型にはめ込んでいくことは害悪のひとつである」(『知識より感情』原著 p.115〈私訳〉)と明言したが、これはまさに『学校においては知識よりも感情』と題された著書においてであった。また、自治が重視され、生活にかかわる問題について、子どももニイルも同じ一票を投じる直接民主的方法で運営された。

2　ドイツ

　ドイツの新教育運動は改革教育(学)(Reformpädagogik)運動と呼ばれる。それは欧州において最も積極的な展開を遂げた。以下に見る労作学校をはじめ、ドイツ青年運動など、多様な教育革新の動きが見られた。新教育の思想史的展開としては、子どもの興味の尊重を中心に、旧来型の主知主義に対する批判、子どもの全人的な成長への信頼、子どもの自由な活動と、新たな産業社会を見据えた新時代における労作主義といった志向が、指導者に概して共通の教育的価値であったといえる。

　レディのアボッツホルム校で働いたリーツ(Lietz, Hermann　1868-1919)は、1898年、ベルリン郊外のイルゼンブルグに、田園教育舎(Landerziehungsheim)と銘打った新学校を創設した。はじめに初等教育の全寮制寄宿学校を開校し、学習の中心を労作主義においた。農耕や飼育、工作も行なわれた。いずれも、学習活動は子ども同士の共同作業で行なわれ、社会的連帯意識による実際的社会人の育成を期待するものであった。目標とした人間教育の理想は、「全人」(der ganze Mensch)にあった。ドイツ最初の新学校は、その名称から理解されるように、都市部を離れた田園地帯に設立された。「『教育』と『(寄宿)舎』とを連結させ、さらに『田園』思慕をそこに融合させることの必要性」(『ドイツ田園教育舎研究』p.95)がリーツによって準備された。もっとも、レディも含め、19世紀末に発した田園教育舎運動という、いまひとつの史的くくりを考慮するならば、後のヴィネケン(Wyneken, Gustav　1875-1964)らと並びリーツも、特段ドイツに限定されることなく、田園教育舎系新教育の系譜として位置づけられよう。いずれに

せよ、労作主義の生活共同体たる田園教育舎の教育実践は、新教育運動に少なからぬ影響を与えたのであった。

さて、新教育の主要概念の一つである労作主義は、ドイツのケルシェンシュタイナー（Kerschensteiner, Georg　1854-1932）によって理論化され大成された。1908年の講演で「労作学校」の語を明言する。ケルシェンシュタイナーのいう「労作」（Arbeit）および労作教育は、「手による労作の領域」「手仕事」（『労作学校の概念』p.87）をはじめとした身体的活動による子どもの自発的活動はもちろん、人格の陶冶が期待され、かつ善良な市民の育成を目標とする公民教育が目指された。当時の公立学校の緊要な第一課題として彼は、職業陶冶の必要性を説いているがそれもこの範囲内にある。彼は、自らが敬愛したペスタロッチの名言「生活が陶冶する」の真意を鋭敏に察知し、労作教育の思想と実践を理論化していったといえよう。

また、その労作教育や共同社会的側面の延長線上として、『社会的教育学』のナトルプ（Natorp, Paul Gerhard　1854-1924）が挙げられる。あるいは、神秘思想家シュタイナー（Steiner, Rudolf　1861-1925）の自由ヴァルドルフ学校も、ドイツにおける新教育運動の隆盛を示す一つである。

3　フランス

先にふれた『新教育』の著者ドモランが、フランス最初の新学校として、1899年、パリ郊外にロッシュの学校（École des Roches）を創設した。近代的な実用科目を導入し、スポーツを推進した全寮制の寄宿学校である。伝統的中等教育機関であるコレージュやリセの古典中心主義に反対し、外国語や商業、工学といった実用的な教科を積極的に設置した。書物主義に決然と異を唱え、労作と自治的な生活共同主義を特徴とし、「人間生活そのもの」を学ぶことが主眼とされた。

さらにフランスの新教育運動史上、「学校印刷」による学習活動を提唱したフレネ（Freinet, Célestin　1896-1966）を忘れることはできまい。手動式の小さな印刷機を学校に導入したが、それは何より子どものためのものであった。フレネは、「生活の本」と呼ばれる「自由テキスト」を、内容の

選定から印刷にいたるまで基本的に子どもに委ねることで、子どもの自主的活動を尊重した。子どもの自発性の尊重された身体的活動、労作と、子どもの自由に由来する創造的な表現活動との統一を目的とした。「革命的教育家にして教育的革命家」と称されたフレネのことば、「学校は羊飼いや農民、職人、労働者の仕事と生活そのものからじかに開花することになるだろう」(『手仕事を学校へ』p.115) とはその象徴である。

4　イタリア

　イタリア初の女性医学博士であるモンテッソーリ (Montessori, Maria 1870-1925) は、医学、実験心理学に基づきながら独自の感覚教育の原理を打ち立てた。新教育の思想原理の根源である、子どもの自然性をめぐり、科学的な認識の樹立に努めた。当初、知的障がい児への感覚教育を実践し、後の1907年、ローマに幼児学校「子どもの家」(Casa dei Bambini) を創設した。教授法はモンテッソーリ・メソッドとして広まり、形骸化する当時の幼児教育に一石を投じた。その方法原理は、「自由」「環境整備」「感覚練磨」の三つの原理で構成されるものであった。

　以上、見てきた地域以外にも欧州では、ベルギーのドクロリー (Decroly, Ovide　1871-1932) など、多くの新教育の理論家・実践者が教育革新に挑んだのであった。そして、1921年には「新教育連盟」(New Education Fellowship) が創設され、第1回の国際教育会議がフランスのカレーで開催された。新教育連盟の掲げる7カ条の綱領には、子どもの個性の尊重、子どもの多方面の興味の発現を促すといった内容が高らかに宣言されている。

5　アメリカ

　アメリカの新教育運動は、進歩主義教育 (Progressive Education) 運動と呼ばれる。先駆的運動として、シェルドン (Sheldon, Edward Austin　1823-1897) によるオスウィゴー (Oswego) 運動、「児童中心主義教育の父」パーカー (Parker, Francis Wayland　1837-1902) によるクインシー (Quincy) 運動などが挙げられるが、進歩主義教育運動は、プラグマティズムの哲学

者・教育学者デューイ（Dewey, John　1859-1952）の登場をもって本格化したといえよう。「デューイの教育思想は、デモクラシー／社会性という理念を含み込んだプラグマティズムである」（『社会性概念の構築』p.239）と端的に指摘される。1896年、シカゴ大学附属小学校（実験室学校 Laboratory School）を創設し、以来3年間の実践報告として1899年『学校と社会』（*The School and Society*）を著す。他に『民主主義と教育』（*Democracy and Education*）など多数の著作を上梓したデューイは、子どもの自発的活動を学習の中心に位置づけながら、経験主義の教育理論を説いた。大人中心の「旧教育」とは異なり、「子どもが中心となり、その周りに教育についての装置が組織されることになるのである」（『学校と社会』p.96）と明言した。彼は、「なすことによって学ぶ」経験主義を前面に押し出し、思考は環境に適応するための手段とする道具主義、思考の真偽は実験により確かめられるとする実験主義を主張した。また、反省的思考を重視し問題解決学習を提示した。子どもの教育が生活であり、成長であり、経験の不断の再構成であり、社会過程であるという基本的な考えかたは、デューイの実験的経験主義教育の理論を直截かつ端的に示すものであろう。

　やがてアメリカでは、キルパトリック（Kilpatrick, William Heard　1871-1965）やパーカースト（Parkhurst, Helen　1887-1959）の実験的教育実践、ならんで進歩主義教育協会（P.E.A.）結成など、運動は20世紀初頭を通じて隆盛を極めたのであった。

第3節　新教育の思想史的意義と課題

1　権威主義からの解放

　新教育の思想史的意義をいま一度整理してみよう。新教育（運動）の共通項は、確立した近代学校教育体制に対する批判、その教育内容・方法、教育的関係の画一的で一方向的な諸相に対する批判である。それに代わっ

図●創設された新教育の学校（筆者作成）

創設年・地域	創 設 者	学 校 名
1889　英	C.レディ	アボッツホルム校
1893　英	J.H.バドレー	ビデールズ校
1896　米	J.デューイ	シカゴ大学附属小学校（実験室学校）
1898　独	H.リーツ	田園教育舎
1899　仏	J.-E.ドモラン	ロッシュの学校
1907　伊	M.モンテッソーリ	子どもの家
1907　白	O.ドクロリー	生活による生活のための学校
1919　独	R.シュタイナー	自由ヴァルドルフ学校
1921　英	A.S.ニイル	サマーヒル・スクール

ての、学校教育における子どもの興味・関心の尊重、自発的活動の尊重といった新教育を特徴づける思想原理は、西洋近代教育史上画期的であった。このことは、教科書（教材）、教授方法、教員存在のいずれもが、子どもへの抑圧を伴う権威主義的要素であったといえ、新教育はその権威主義からの解放として思想史的意義をもつといえよう。

2　資本主義列強と新教育

　新教育のもつ課題を以下に若干提示してみよう。ここでは新教育と国民教育制度の関係をより丁寧に見てみたい。新教育（運動）は確かに、国家発展の人材養成としての国民教育制度を批判した。だがその批判は、いくらかの実践者を除き、社会批判的色彩に欠けるとの指摘も成り立つ。管理的で服従的ではなく、自発的で活動的に、という対立構図におけるベクトルは、あたかも旧教育対新教育の構図同様、外部拡張に猛進する欧米列強の国家政策に符合した。その意味で、新教育の新学校を主として支えた新興富裕層の目指す国家意識と連動しながら、欧米資本主義列強の権勢拡大における補完的役割、あるいは主体的役割を新教育が果たした側面も否めない。

3 「科学的」志向

　当時の自然科学の著しい発達は、いわゆる「科学的」であろうとする新教育の理論家・実践者たちを魅了した。文字通り「発達」や「進歩」という語とその概念は、新時代を代弁するかのごとく、人間の営為にも積極的に適用されはじめた。社会ダーウィニズムの考えに象徴的な進歩発達のとらえ方は、子どもの能力の測定をはじめとした、新教育における「科学的」な子ども研究と結節した。このことは、ケイの言説に顕著なように優生思想との親和性をはらむことが指摘されてこよう。それは、とりわけ人間存在にかかわる倫理的視点からの論難が避けられない。

4 「善」という重み

　新教育の思想は、その根底において子どもの善性を信頼する。このことの史的意義は、すでに十分に見てきたところであろう。とはいえ同時に、子どもの善をたたえ、子どもの立場に立つ教育実践という新教育的文脈こそが、子どもへの教育的配慮の問題を正統的に支えているとしたら、いわばあらかじめ新教育的「善」に縛られているかのごとく、子どもをも大人をも窮屈にしている感はないであろうか。そもそも子どもの善性とは何か、人間における善とはいったいどのようなことか、といった哲学的な根源的問いに立ち返ってみるのも悪くないであろう。

おわりに

　以上、新教育の理念と新教育運動の展開を中心に考察を進めてきた。確立した近代的な学校教育制度に対する批判と、現状改革の動きとして登場した新教育の思想は、子ども、教育、人間に思いを致す際、見てきたように、教育思想史的意義は豊かであろう。反面、現代に連なる課題をも忘れてはならないであろう。

　その上で最後に、いまひとつだけ触れておきたい。新教育の新学校に在籍する子どもは、経済的に、比較的富裕な階層の出身者がほとんどであっ

た。このことは、新教育運動全般に共通する紛れもない事実である。では、経済的貧窮を余儀なくされ（てい）る子どもにとって、新教育とはいったい、いかなる意味を持つのであろうか。理念と実際は別だから、などという思考の放棄だけは避けなければなるまい。

【文献一覧】

  ケルシェンシュタイナー, G.M.A.（東岸克好訳）『労作学校の概念』（世界教育宝典）玉川大学出版部、1965年

  Stewart, W.A.C., *Progressives and Radicals in English Education 1750-1970*, London: Macmillan, 1972.

  田中智志『社会性概念の構築：アメリカ進歩主義教育の概念史』東信堂、2009年

  デューイ, J.（市村尚久訳）『学校と社会・子どもとカリキュラム』（講談社学術文庫）講談社、1998年

  長尾十三二編『新教育運動の歴史的考察』（世界新教育運動選書 別巻3）明治図書出版、1988年

  ニイル, A.S.（霜田静志訳）『知識よりも感情』（ニイル著作集 第5巻）黎明書房、1968年（Neill, A.S., *Hearts Not Heads in the School,* London: Herbert Jenkins, 1945.）

  フレネ, C.（宮ヶ谷徳三訳）『手仕事を学校へ』黎明書房、2010年

  ボイド, W.、ローソン, W.（国際新教育協会訳）『世界新教育史』玉川大学出版部、1969年

  山名淳『ドイツ田園教育舎研究：「田園」型寄宿制学校の秩序形成』風間書房、2000年

第9章

日本の教育思想と学校の歴史①
～前近代の状況～

塚原健太

はじめに

　人間は社会という共同体をつくりながら生きている。その社会を維持していくためには、大人から子どもへ生きていくために必要な知識や技能を伝える必要がある。このことから考えれば、「教育」は人間にとって不可欠な営みであるといえる。現代社会において、教育は主に学校教育を意味するが、次世代への知識・技能の伝達は、本来日常生活において大人と子どもが一緒に活動することによって行われていた。そして、日本列島に文字が受容され、文字による知の蓄積が行われるようになってくると、それを教授する組織的な教育機関が必要になったのである。これを「学校」と呼ぶことにしたい。

　ところが、学校が庶民にも広く浸透するのは近世になってからであり、古代・中世の学校では、貴族や武士など支配階級のための教育が行われていた。本章では、庶民に組織的な教育機関が普及する近世の教育を中心に論ずることにする。また、学校という形態をとらなくとも、家庭や共同体において豊かな教育が展開されていたことも看過できない。そこで、前近代の共同体における意図的な教育の特色についても把握しておきたい。

第1節　古代・中世の教育

1　文字の受容

　古代の教育を見ていく上では、大陸からの漢字の輸入とその普及を論ずる必要がある。それは文字が使用されることによって、それまで口頭で語りつがれてきた知識を記録することができるようになったからである。ここから徐々に識字教育が普及していくことになる。

　5世紀の後半頃になると、漢字の音によって日本語の固有名詞を表すことができるようになったと考えられる。こうして、日本社会に漢字が浸透

していった。時代は下るが、漢字の音訓を組み合わせることによって日本語を表記する万葉仮名や、11世紀初頭に定着をみせる平仮名や片仮名は、日本的な文化を生み出す原動力になったといえる。

漢字の他にも金属器や土器などの製造技術や、6世紀には百済から儒教や仏教も日本に伝来した。特に仏教の受容と普及は、日本文化の発展を促すことになる。

2　古代の学校

7世紀中頃から末にかけて、唐をモデルとした中央集権的な国家が形成されていった。そして701（大宝1）年には大宝律令が制定され、律令体制がほぼ整った。律令体制における支配制度では、多くの官吏（国家官僚）が文書によって行政を運営した。そのため、徐々に日本社会に浸透しつつあった漢字や計算の能力などを、体系的に学習する必要が出てきたのである。

律令制度における官吏養成の役割を果たしたのが、都に設置された大学寮と地方諸国に設置された国学である。大学寮の教育内容は明経道（儒学）が中心であり、『論語』などの素読と内容についての講義が行われていたが、平安初期には明経道・明法道（法律）・算道・文章道（文学）の四学科制が確立した。これらの学科の教官は「博士」と呼ばれ、その任官は次第に世襲化されていった。さらに平安中期から後期にかけては、律令制における特定の役職が「博士家」と結びつくことで「家業」が成立した。博士家においては、その子弟や血縁外の優秀な者を取り込んで教育することにより、役職に安定した人材供給を行うようになっていった。こうした世襲による任官の定着や、官吏の文学的素養を重視することによる文書道の隆盛などの要因が相まって、大学寮は次第に官吏養成の機能を失っていった。

一方、国学においては、郡司（郡を治める地方官僚）の子弟の教育が行われた。国学の実態は不明な点が多いが、卒業後は大学寮への進学や中央行政への任官も行われていたようである。

日本に受容された仏教は鎮護国家の方針のもとで、国家の保護を受けな

がら発展していった。それに伴い都や地方に多くの寺院が建設されると、そこが僧侶によって大陸文化を教授する教育機関としての役割を果たすようになっていった。僧侶も貴族と同様に特権階層に属しており、その教育は庶民に開かれていなかった。稀な例として、空海が828（天長5）年に設置した綜芸種智院(しゅげいしゅちいん)には、貴族・僧侶・庶民の別を問わず入学が許可されていた。

3　中世の多様な教育形態

　中世には多様な教育形態が発展した。武士が登場し政権を握るようになると、各家々において武士として生きるための学習が行われるようになった。旧勢力である貴族・僧侶も自宅や寺院において学習していた。古代の大学寮のような中心的な教育機関は発達しなかったが、有力武士は独自に文庫や学校を設立したし、古代より僧侶養成機関として機能してきた寺院は、武士や庶民の子弟を受け入れるようになっていった。このように中世の教育は、個別的ではあるが豊かな展開をみせたのである。

　武士は、御恩と奉公で結ばれた主従関係によって封建的な社会を形成していた。主君による領地の安堵(あんど)と、家臣による主君への忠誠という契約的関係を維持することが、武家社会の安定にとって必要であった。武士の家における教育的価値観を見ることができるのが「武家家訓」である。その内容は主君への忠誠、仏神への信仰、道義などさまざまであったが、基本的には武家存続のための教訓が示されていた。また、武士には武芸の素養が求められたが、武家家訓の中には文字学習の重要性を強調するものもあり、「文武兼備」の価値観を持ったものも少なくなかった。

　学問的な教養を重視する武士の中でも特に有力な者たちは、僧侶や学者などを家に招き古典や文芸などの教授を受けた。こうして個別的に展開されていた武家教育が、文庫や学校などの形態をとった事例として、「金沢文庫」と「足利学校」が挙げられる。鎌倉時代中期に北条実時（1224-1276）によって設置された金沢文庫は、仏典などの書物を収集し、必要があれば公開をするという、図書館のような機能を持っていた。足利学校の創設に関しては不詳だが、上杉憲実(うえすぎのりざね)（1410-1466）が関与するようになると、

全国の学問の拠点になったといわれ、その教育内容は仏書よりも儒学などの漢籍が中心であった。足利学校は、後にイエズス会の宣教師ザビエル (Xavier, Francisco de　1506頃-1552) によって「板東の大学」と称されたことでも有名である。

　地方の一般武士たちや庶民の中には、子弟を寺院にあずける者もあった。「寺子」（あずけられる子ども）は、およそ8, 9歳前後で「寺入り」（登山）し、14, 5歳で学習を終えるのが一般的であった。教育内容は読み書きや躾（しつけ）などの初等教育的なものから、漢籍の学習といった教養的な内容まで幅広かった。このように中世の寺院の中には、俗人教育の機能を持つものが増えていった。

　1549（天文18）年にザビエルが渡来し、日本にキリスト教が伝わると、布教を行える日本人の養成を目的とした学校の建設が始まった。その後、司祭養成の目的を強化するためにセミナリヨやコレジオといった学校が設置され、神学校としてのセミナリヨが安土と有馬に、キリシタンの最高教育機関であるコレジオが府内（現在の大分市）に置かれた。これらの学校は「キリシタン学校」と総称されている。セミナリオにおいてはラテン語の他に日本語や日本文学の教授、また楽器や聖歌といった音楽の教授も行われるなど、キリシタン学校は、わが国へのヨーロッパの学芸の移入に重要な役割を果たした。

　このように古代・中世における「学校」は、基本的に家や家業と結びつく形で発展していった。特に古代の貴族、中世の武士といった支配階級はその体制を維持するために家を基本としながら教育を行っていた。

第2節　近世社会における子育て

1　近世の子ども観

近世は戦のない平穏な社会を基盤にしながら、小家族化や農業生産力の

向上などによる安定した生活が営まれていた。これを背景に子どもへの関心が高まりをみせ、多くの子育て書が編まれた。近世の子ども観のいくつかに共通しているのは、人間の本性は基本的に善であるという性善説に基づいた子ども観であり、これは江戸幕府の官学となった朱子学にも見られる。

　近世の子育て論は性善的な子ども観を基盤としながら、階級や家業に応じて多様に展開されていた。たとえば、商人の道徳や教育を説いた石門心学の祖である石田梅岩（1685-1744）は、日常の商売においては、私欲にとらわれず人心をもって勤める必要があるという商売道徳を幼少時から教えなくてはならないとしている。

2　子育てと子殺し

　近世の子育ては、子どもやその親が属する共同体の成員として成長させることが第一の目的であった。したがって、親だけでなく共同体に所属する多くの他者が子育てに関与することが少なくなかった。特にその様子は通過儀礼に見ることができる。

　通過儀礼は胎児の段階から行われるものもあり、安産の祈願と同時に、生まれてくる子どもを共同体に受け入れることを表明する儀式でもあった。生まれた子どもは「名づけ」や「宮参り」によって共同体に受け入れられた。成人の儀礼は、通過儀礼の中でも特に重要であり、これを経ることで「一人前」として共同体に認められたのである。

　共同体の成員として子どもが成長していく過程には、大人が関与するだけでなく同年代の集団が果たす役割も大きかった。地域によって呼び方は異なるが、「子供組」「若者組」「娘組」といった集団に参加することによって、子どもや青年はその地域で生きていくために必要な知識・技能・規範などを習得したとみられる。

　このように共同体全体で子どもを大切に育てた一方、家が代々安定的に継承されていくためには、経済的な理由から子どもの数を制限することもあり、育てられない子どもを殺すことも行われた。このことは幕府や藩の行政においても問題とされ、さまざまな禁止策などが取られた。

3　奉公

近世社会においては、庶民の間に「家」という共同体意識が醸成され、家に伝わる技術や生業(なりわい)を次世代に継承していくために、子どもを実際の労働に参加させることを通して教育を行った。それが端的に表われているのが、生家を出て他の家で生活しながら修行をする「奉公」という慣習の存在である。

奉公では他家に住み込み労働に参加することを通して、職分に応じた知識・技能、道徳や規範などを身につけさせた。たとえば、商家での「丁稚(でっち)奉公」では、掃除などの雑務を主な仕事としながら、上司である手代や番頭から礼儀作法、商売の基本などが教えられた。休みもほとんどなく修行も厳しかったが、それに堪えて修行を続けることによって手代、番頭へと出世していった。

第3節　近世社会における学校の多様化

1　多様な教育機関の出現

近世には中世における多様な教育機関を基盤としながらも、それにも増してさまざまな学校が発達した。それらの学校は、設置者と教育の対象者によって分類される。第1に、幕府や藩が設置し武士を対象とした教育を行った昌平黌(しょうへいこう)や藩校、第2に、個人によって設置され好学の者が集った私塾、第3に、庶民を対象として読み書きの教授を行った手習塾(寺子屋)、が代表的なものである。手習塾については第4節で扱うことにし、ここでは幕府や諸藩の学校と私塾について見ていきたい。

2　幕府と諸藩の学校

徳川家康は、1605(慶応10)年に朱子学者であった林羅山(はやしらざん)(1583-1657)

を登用し、公務に従事させた。その後、羅山が1630年に上野に開設した林家塾は、幕府の教育機関としての位置を得ていった。林家塾は徳川綱吉（1646-1709）によって、1691（元禄4）年に神田湯島の昌平坂の上に移転され、後に昌平黌（昌平坂学問所）と呼ばれた。1790（寛政2）年の「寛政異学の禁」によって朱子学が官学（正学）となると、学問所における朱子学以外の教授や研究が禁じられた。さらに1792（寛政4）年には、15歳以上の旗本・御家人などの幕臣を対象とした「学問吟味」という試験制度が開始された。このように幕府による学問統制が進むことにより、昌平黌は幕府の学校としての機能を強めた。

一方、諸藩では、藩士の子弟を教育する藩校を設置するところが増えていった。1669（寛文9）年に岡山藩に最初の藩校が設けられ、18世紀初頭には10校ほどしかなかった藩校は、18世紀中頃から急増し、幕末にはほぼすべての藩に設置されていた。儒学を教育内容としたこれらの藩校以外にも、幕末には医学校、洋学校、郷学（民衆を教化するために藩が設けた学校）を設置する藩も現れた。幕末になると、欧米列強の接近や幕藩体制の衰えなどの危機的状況の中で、優秀な人材を確保したり、有力な農民・商人を取り込んだりするために、藩士以外の入学を許可した藩校も少なくなかった。

昌平黌や藩校では、一般的には儒学を教育内容とし、四書五経などの漢籍の素読、講釈などを行う一斉教授的な教授形態が取られていた。後述する手習塾（寺子屋）が生活に必要な知識・技能を教授したのと比して、そこでは書物の記憶を通した形式陶冶的な教育が行われたことが特徴である。また、能力主義的な人事登用の制度として機能した学問吟味は、武士の間に、学問は立身出世の手段であるという功利的な学習観を形成していった。

3 私塾

私塾は、学識を有する個人が組織・運営した教育機関である。師匠の学問的素養や人間性がそのまま教育内容に反映されており、儒学だけでなく、国学や洋学を教授する私塾も存在した。また、著名な師匠のもとには、そ

の学識や人徳を慕って全国から入門者が集まった。私塾は、幕府や藩の教育行政が活発になり、全国に藩校の開設が増えていく18世紀末ころに、開業数が急激に増加した。

初期の私塾は、上級武士などの育成を藩に代わって行うなど、藩校の補完的な性格を持っており、その代表的なものが、伊藤仁斎（いとうじんさい）（1627-1705）の古義堂（こぎどう）や中江藤樹（なかえとうじゅ）（1608-1648）の藤樹書院である。しかし、幕府や藩における主な教育内容が朱子学に定まると、国学者本居宣長（1730-1801）の鈴屋（すずのや）や、洋学者シーボルト（Siebold, Philipp Franz Jonkheer Balthasar von 1796-1866）の鳴滝塾（なるたきじゅく）など、朱子学以外の学問を教授する私塾が多数開業した。

私塾にはさまざまな学習動機を持った者が学んでいた。自らの学問的要求を満たすために、理想の師匠を探し求める者も少なからずいた。このように私塾の発展は、学習者側の主体的な学習意欲に支えられていたといえよう。

第4節　近世庶民における学習文化

1　庶民による学習要求の高まり

近世は、武士や僧侶といった知識階級だけでなく、庶民にも読み書きが普及した時代であった。庶民に読み書きが必要となった要因には、次の2点が指摘できる。

第1に、兵農分離によって農村がほぼ農民だけによって構成された点である。日常的に武士に依存せず、農民自身が文書による行政的な事務を行う必要があった。そのため、農民の中から村役人が置かれ、彼らが文書による命令を農村全体に伝える役割を担ったのである。こうした近世の文書行政下においては、触書といった上からの情報伝達だけでなく、農民からの報告や申請などを行うためにも、文字の読み書きの力が求められる。したがって、村役人だけでなく、一般農民にも読み書きの素養が不可欠だっ

たのである。また、村では村民による自治のもと、租税や年貢の各戸割り付けも農民によって行われた。租税に関する不正も多く、計算能力と識字能力がなければ不正を見抜くこともできなかった。

　第2に、貨幣経済・商品経済の発展に伴う経済的な要因が挙げられる。商人に対しては、生業のために不可欠な「読み・書き・算盤(そろばん)」の能力と、帳簿作成の能力が求められた。また、農村においても商品となる農作物を栽培し、流通させるために、栽培や商品のやり取りに関する知識習得と記録の必要が出てきたのである。

　このように兵農分離による村の自治と、村への貨幣経済の流入という社会的な構造の変化は、庶民の間に文字の学習をしなければ不利益を被るという意識を生じさせ、彼らの主体的な学習要求を引き出していった。こうした社会的な背景に支えられた学習要求こそが、近世庶民への文字学習の普及を支えていた要因であった。

2　手習塾の普及

　手習塾は一般的には寺子屋として知られているが、「寺子」は寺入りした子どもの呼び名に由来している。それは、中世の寺院が手習い教育に果たした役割が、庶民の中で意識されていたことによると考えられる。手習塾は、17世紀末から18世紀初頭にかけて三都を中心にその数を増やし、幕末期には農漁村においても急増している。その数は、明治期に行われた文部省の調査によれば約15,000であるが、実際にはその数倍にも及んでいたとみられる。この数からすれば、幕末には都市ばかりでなく、農村においても子どもたちの身近に寺子屋が普及していたと考えられる。

3　手習塾の教育

　手習塾への入門や終了の時期は特に決まっておらず、個人の事情に合わせて学ぶ時期を選ぶことができたし、場合によっては農繁期など生業の都合で欠席することも許されていた。学習内容は子どもそれぞれの進度に合わせて選択された。教授方法は個別教授であり、異年齢の子どもたちを一

堂に集め、実際の教授は一人ひとり師匠との対面によって行われた。それ以外のときは、子ども自身による自学自習が基本であり、文字の読み書きを繰り返すことによるドリル的な学習が行われた (**図**)。

手習塾では、「往来物」という教材が用いられた。「往来物」という呼び方は、古くから往復の手紙の文例を集めた書物を文字学習の教材として用いていたことに由来する。近世には多様な教材がつくり出され、手紙の形式を取っていないものも登場したが、往来物という呼称が用いられ続けた。町人向けには「商売往来」、職人向けには「番匠往来」、農民には「百姓往来」など、近世を通じて多種多様なものが生み出された。手習塾の師匠は、こうした往来物の中から地域の実情、子どもの能力や家の職分に応じた教材を選んで、それぞれの寺子に与えていた。

手習塾における学習内容は、一般的に3R's (スリーアールズ、読むこと〔reading〕・書くこと〔writing〕・計算すること〔arithmetic〕) であったと理解されることが多い。しかし、子どもたちには、こうした読み・書き・算盤の技能だけではなく、それをそれぞれの実際の生活に生かしていくことが必要なのであった。また実学的な知識・技能だけなく、学習を通した師匠や同学の仲間との人間関係の中で、生きていく上で必要な躾や道徳教育も行

図●寺子屋の様子　　出典：唐澤富太郎『教育博物館』p.10

われていた。

おわりに

　前近代の教育を俯瞰してみると、家や村といった共同体で行われた教育の豊かさに気づかされる。村では、そこで生き抜くための術を教育していたし、家では次世代を担う人材に、その家業を守っていくための技術や道徳の教育が行われた。一方、学校における教育も、身分や職業と深く結びつきながら多様に展開されていた。支配階級の学校では、社会構造を維持するために教育が行われたし、近世庶民を対象にした手習塾では、彼らの学習要求に応じた教育が行われた。このように前近代における教育は、それぞれの学習主体における社会的な必要性に深く下支えされていた。

　ところが、この社会的な必要による教育という視点を学習動機から学習内容に向けてみるとどうだろうか。基本的には前近代を通じて、学習主体の学習動機と学習内容は不可分に結びついていたといえる。それが典型的に表われているのが、近世庶民の読み・書き・算盤の習得要求であり、これらを習得することは彼らにとって実学的な意味を持っていた。しかし、近世の武士教育を見てみると、学問吟味などの学問奨励策を取った為政者の思惑とは異なり、官学としての朱子学は武士としての教養を身につけるための学から、立身出世のための手段として理解されるようになっていった。そこには教育の制度化によって生まれた、ある種の近代的な学習観が看取される。

　前近代の教育は、近代との連続という観点から前史的に語られることが多い。しかし、「学習離れ」といった学習者の学ぶ意欲の低下など現代の学校教育をめぐる問題の歴史的要因を考えるとき、近代学校制度の導入によって失われてしまった文化的な伝統に注目し、その意義を問い直すことも必要なのではないだろうか。

【文献一覧】

石村華代・軽部勝一郎編著『教育の歴史と思想』ミネルヴァ書房、2013年

石川松太郎『藩校と寺子屋』(教育社歴史新書 日本史87) 教育社、1978年

片桐芳雄・木村元編著『教育から見る日本の社会と歴史』八千代出版、2008年

唐澤富太郎『教育博物館：伝承と日本人の形成』〔中〕ぎょうせい、1977年

田中耕治・鶴田清司・橋本美保・藤村宣之『新しい時代の教育方法』（有斐閣アルマ）有斐閣、2012年

辻本雅史『「学び」の復権：模倣と習熟』角川書店、1999年

辻本雅史編著『教育の社会史』（放送大学教材 2008）放送大学教育振興会、2008年

三好信浩編『日本教育史』(教職科学講座 第2巻) 福村出版、1993年

森川輝紀・小玉重夫編著『教育史入門』（放送大学教材 2012）放送大学教育振興会、2012年

山田恵吾・貝塚茂樹編著『教育史からみる学校・教師・人間像』梓出版社、2005年

寄田啓夫・山中芳和編著『日本の教育の歴史と思想』（教職講座2）ミネルヴァ書房、2002年

第10章

日本の教育思想と学校の歴史②
～近代公教育の形成～

永井優美

はじめに

現代日本の学校教育は、明治以降に導入された西洋モデルの近代学校が原型となっている。江戸期には、寺子屋、藩校、私塾などの教育施設が存在していたことは前章の通りであるが、近代日本における学校教育は、それらと様態を異にしている。そこで本章では、近代学校教育制度の成立とその内容を概観し、いかなる思想的、社会的規制の下で日本特有の教育政策および実践が展開されたのか、その特徴を見ていこう。

第1節　近代公教育の創始

近代学校教育制度の確立は、「富国強兵」「文明開化」をスローガンに掲げた明治政府の重要課題であった。1871（明治4）年に中央教育行政機関として文部省が設置され、従来、藩ごとに統轄されていた教育行政が全国化された。近代学校教育の基本構造が最初に規定されたのは、翌年8月3日に頒布された「学制」においてである。

1　「学制」の基本理念

「学制」の基本理念は、太政官布告である「学制序文」（被仰出書）に明示されている。日本の近代化に貢献した福沢諭吉（1835-1901）は、啓蒙教育思想家の代表的人物であり、「学制序文」に示された教育理念は、彼の『学問のすゝめ』（初編）に酷似していた。

「学制序文」の内容は、それまでの封建社会の学問のあり方に批判を加えた上で、新しい時代の学問観を提示したものであった。その特徴は、「学問は身を立るの財本」とあるように、個人主義・功利主義の立場が示されたことである。従来は、国や藩のために学問に励む者が多かったが、ここでは、個人の生活のためにこそ学問を修めるようにと述べられている。そのため、教育内容としても、江戸時代に盛んであった儒学を否定し、日

常生活に役立ち、合理的・実験的な精神を尊重した実学が強調されている。また、「邑に不学の戸なく家に不学の人なからしめん」とあるように、身分や男女の区別なく、全ての国民を対象とした教育制度が構想されていた（国民皆学）。その実現のため、親に就学の責任を課し、受益者負担の原則が定められた。

2 「学制」の特徴

「学制」は、教育行政組織はフランス、教育内容はアメリカを模範とし、大学、中学、小学の3段階からなる単線型学校体系を採った。教育行政区画として大学区、中学区、小学区が設けられ、全国が8大学区（翌年7大学区に改正される）に分けられた。一大学区の中に32の中学区が、さらにその中に210の小学区が設置され、数にして大学が8校、中学校が256校、小学校が53,760校置かれることとされたが、**表**を見ても明らかなように、実際にそれらの設置は数的に不可能なものであった。

また、文部省の管轄の下、大学区に督学局、中学区に学区取締が設けられた。学区取締は、学校設置、就学督促、学校保護、経費調達、学事統計

表●小学校数、在学者数、就学率の変遷　　　『日本近代教育史事典』pp.80-93

年度	小学校数	在学者数	就学率（％）
1875	24,303	1,928,152	35.43
1880	28,410	2,348,859	41.06
1885	28,283	3,097,235	49.62
1890	26,017	3,096,400	48.93
1895	26,631	3,670,345	61.24
1900	26,857	4,683,598	81.48
1905	27,407	5,348,213	95.62
1910	25,910	6,861,718	98.14
1915	25,578	7,454,652	98.47
1920	25,639	8,632,871	99.03

の作成および報告などの業務を担当し、実質的に「学制」の実施に責任を負った。

　政府は、単に制度を制定するだけではなく、江戸期と異なる教育形態を日本に根付かせるために、何より人々の教育に対する認識を啓蒙する必要があった。そのため、「学制」の理念は、「学制序文」の解説書や就学告諭などを通して、全国的にその趣旨の徹底が図られていったのであった。

3　小学校と師範学校の設置

　「学制」の実施に際しては、優先順位が設けられ、その第一に、小学校を設置することが挙げられた。小学校は、修業年限が各4年の下等小学と上等小学からなり、等級制が採られた。教科目としては、下等小学にはつづり字、習字、単語、会話、読本、修身、書牘(しょとく)、文法、算術、養生法、地学大意、理学大意、体術、唱歌が置かれ、上等小学には史学大意、幾何学罫図大意、博物学大意、化学大意が、そして、土地の状況によっては外国語ノ一二、記簿法、画学、天球学が加えられた。

　また、小学校の運営のため、教員の養成が急務とされた。1872（明治5）年に師範学校が東京に設置されたのを皮切りに、各大学区に1校ずつそれが増設され、1874年には東京に女子師範学校も設立された。その他、各府県では教員不足に応じるため、教員伝習所などで半年ほどの速成養成を行った。そこでは、寺子屋教師の再教育なども試みられ、近代学校教育に関する知識が教授されたようである。その後、師範学校は各府県に置かれるようになっていった。

第2節　近代学校教育制度の確立過程

1　就学率の低迷

　学校教育の国民への有効性が強調されたものの、近代学校が日本に定着

するには数十年の歳月が必要であった（**表**参照）。就学率の上昇を阻んだ要因には、まず、小学校設置に伴う費用が「民費」負担とされたことが挙げられよう。国庫負担金は、地域によって差があるが、約10％程度にとどまり、経費の多くは地域の住民が担うこととなった。授業料は小学校が50銭とされたが、それは当時における民衆の生活費の3分の1に相当するほど高額であった。その他にも、学区内集金や半強制的な寄付金が徴収された。

また、下等・上等小学校合わせて8年間の就学期間が示されていたが、半年から1年で退学する者が後を絶たなかったことも、就学率低迷の一因と考えられる。それは、子どもの発達段階を無視した程度の高い内容を問う進級試験が課され、多くの子どもが留年したためであった。

さらに、実学主義をうたったにもかかわらず、実際に小学校で教授された内容は実学とはかけ離れたものであった。教科書には、『ウィルソン・リーダー』などのアメリカで普及していた教科書の翻訳が使用された。その西洋的な教育内容は、教師さえ理解することが困難なものであった。

このように、「学制」は欧米諸国の教育形態をモデルに構想されており、日本の社会の実態とかけ離れていた。特に、地域社会の教育状況を無視し、多くの問題を生み出していたため、早々に改革されることになった。

2 「教育令」の公布と改正

「学制」に代わって、1879（明治12）年に「教育令」が施行された。これは、学制の基本的性格である中央集権的な学区制を廃した、地方分権的な色彩の強いものであり、自由教育令とも呼ばれている。この制度により、国民の自発的な教育活動が期待されたが、現実には「学制」の反動を招き、教育不振をもたらした。また、徴兵令、地租改正など、新政府の近代化政策への批判的潮流の中で暴動が起こり、その象徴的建築物である小学校も焼き討ちされた。就学拒否や学校破壊などの形で国民の不満が噴出していた中、教育令はわずか1年で改正されることとなった。

就学率の向上を近代国家の一つの現れであるととらえていた日本政府は、

この改正によって、再び小学校の設置や義務教育などについての諸規定を明示し、教育への国家統制を強化するようになった。そのため、熾烈な就学督促が全国各地でなされ、徐々に就学率が上昇していった。

また、道徳教育も重視されるようになり、教科目の筆頭に「修身」が掲げられた。さらに、地域によって教育の内容や程度に大差が生じていたため、文部卿によって「教則綱領」が制定され、その基準に合わせて各府県で「小学校教則」が編成されていった。「教育令」の改正は、自由民権運動の高揚を機に、「学制」から続いた欧化主義教育が批判され、復古思想が興隆していく情勢の中でなされたものであり、この後、わが国の教育は国家主義へと傾斜していくこととなった。

3　森有礼による教育政策

1885（明治18）年に内閣が設置されると、初代総理伊藤博文は、森有礼を文部大臣に抜擢した。急進的な立場から近代学校教育の整備を一手に担った森は、まず、1886年に「教育令」を廃止し、代わって「学校令」を制定した。これは諸学校令とも呼ばれているように、「小学校令」「中学校令」「帝国大学令」「師範学校令」などからなるものであった。ここにわが国の学校制度の基礎がほぼ確立したと言える。「小学校令」では、4年制の尋常小学校と高等小学校、尋常小学校の代用小学校として3年制の小学簡易科が示されている。尋常小学校は義務教育機関とされ、保護者の教育義務についても明記されている。

また、森は教育内容の国家統轄のため、1886年に教科書検定制度を制定した。「学制」以来、教科書は外国文化移入のための手引書として位置づけられ、欧米の教科書の翻訳書が広く普及した。また、『学問のすゝめ』などの民間人の著作も用いられていた。しかし、これらは小学生にとっては難易度の高いもので、翻訳書には誤訳が多く見られるという問題点もあったことから、教科書の改革が進められたのであった。

森は師範教育も重視し、「師範学校令」において、教師の気質として三徳（順良、信愛、威重）を提示した。師範学校では、全寮制の下、軍隊教

育をモデルとした教員養成が行われ、兵式体操も導入された。このような養成により、後に「師範タイプ」と呼ばれる均質かつ画一的な性格の教員が輩出されていくことになった。

第3節 国家主義教育体制への移行

1 「小学校令」の改正

　森は「大日本帝国憲法」発布当日に暗殺され、その後、数回にわたって「小学校令」が改正された。1890（明治23）年に改められた第二次小学校令は、ドイツ連邦諸国の初等教育制度を模範として起草された。その目的は、第1条において「道徳教育及国民教育ノ基礎並其生活ニ必須ナル普通ノ知識技能ヲ授クル」と示されている。制度としては、尋常小学校が3年もしくは4年とされ、小学簡易科が廃止された上で、義務教育は3年と定められた。高等小学校は2年、3年、4年とされ、補習科や専修科（農工商など）を付設することができるようにし、徒弟学校や実業補習学校も小学校の一種として挙げた。これらはわが国の産業化に応えたものであったと言える。また、第二次小学校令は法律としてではなく、勅令として公布された。これは、教育は国家のためのものであるという思想に基づくものであり、以降、重要な教育法規は、勅令の形式を採ることが原則とされるようになった。さらに、教育は各地方ではなく、国家にその権限があるとされ、国家の委任事務としての教育行政の方針が明確に打ち出されることになった。

　1900年の第三次小学校令において、義務教育は4年とされ、授業料が無償となった（1907年の改正で6年制となる）。その結果、就学率が急上昇し、ここに義務教育が制度的に確立したと言える。

2 国家主義教育思想の興隆

　明治20年代初頭に帝国憲法が発布され、第1回帝国議会が開設された。国家主義体制が構築される中、制度的には以上のように公教育が整備されたが、それを支える精神とはいかなるものであったのだろうか。教育に関する「開化」と「復古」の両立場からの論争は、新政権発足当初から存在し、教育政策にも深く影響を与えていった。

　明治天皇は1878（明治11）年に行幸し、各地の教育実情を視察した。その際の天皇の意見を侍講であった元田永孚（1818-1891）が「教学聖旨」（1879年）としてまとめている。これは、明治維新以来の開化主義を批判し、儒教道徳を復活させ「仁義忠孝」を教学の根本に据えようとしたものであった。これに対し、内務卿であった伊藤博文（1841-1909）は、井上毅（1844-1895）に「教育議」を作成させた。これは、「教学聖旨」に反論し、西洋化の必然性を主張したものであった。元田はさらに、「教育議附議」をもってこれに批判を加えている。

　このように、伝統的・儒教的であり、かつ政教一致を志向する保守派と、科学的知識を重視する開明派との対立構造が見られた。しかし、当時の社会情勢の中で、しだいに前者が優位に立つようになり、教育勅語の発布によって、この徳育論争は終結したのであった。

3 教育勅語の制定とその特徴

　当時、国民道徳の方針が明確ではなく、徳育の混乱が起こっていた。そのような中で、首相山県有朋（1838-1922）は、天皇から徳育の方向性をまとめるよう命令を受け、文相芳川顕正（1842-1920）の下、法制局長官であった井上毅と元田永孚によって「教育に関する勅語」（教育勅語）が作成された。これは天皇の法的責任を回避するため、法律としてではなく勅語の形式を採っている。

　教育勅語では、天皇制社会である国体に教育の根源があるとされ、天皇も国民もともに「仁義忠孝」という普遍的な徳目を実行していく者である

とされている。国民には天皇の臣民としての義務を全うすることが要求され、天皇を中心とした国民教育が成立していった。教育勅語の謄本や御真影（明治天皇、皇后の写真）が、約30,000の学校に下賜され、各学校で奉読式が行われるようになり、それらを納める奉安殿が設置された。「小学校祝日大祭日儀式規程」も制定され、学校儀式などを通して、教育勅語の精神が国民に浸透していったのであった。

　また、その趣旨を徹底するために、国の教科書編集への関与が求められるようになり、「教科書疑獄事件」（1902年）を契機として、翌年、国定教科書制度が成立した。それは、段階的に導入され、まず、修身、国語（読本、書き方手本）、歴史、地理の教科書、後に算術、図画の教科書が国定化されることとなった。以後、「師範タイプ」と呼ばれた教員による、国定教科書などを用いた授業において、教育内容の画一化が進行していった。

第4節　教育方法の日本的受容の特質

　諸外国をモデルに近代学校教育を受容しようとした政府は、特に、欧米の教育方法を積極的に模倣した。その初期には、ペスタロッチ主義教授法が、その後は、ヘルバルト主義教授法が流行したと言える。ここでは、それらがどのように受容され、日本的に変容していったのかについて見てみよう。

1　ペスタロッチ主義教授法の導入

　前述したように、1872（明治5）年に東京師範学校が設置されると、アメリカからスコット（Scott, Marion M.　1843-1922）が招聘され、新しいアメリカ式学校教育の内容や方法が紹介された。個別指導は一斉教授へ、往来物は教科書へ、筆と紙は石筆と石盤へと変化した。多くの小学校が従来の寺子屋、私塾、藩校などを改造して運営されたが、中には、旧開智学校に代表される西洋風の校舎が建造される場合もあった。

また、教育課程の詳細な基準としては「小学教則」が示されたが、文部省によって編纂されたものは内容が煩雑かつ高度であったため、1873年にスコットの指導により東京師範学校が作成したそれが、実際には多くの小学校で用いられることになった。この規則の特徴は、「読物」と「問答」という科目が設置されたことである。前者は、総合的内容教科であり、この中で地理、歴史、修身、物理、化学などの内容が教授された。後者は「読物」とセットで置かれたもので、「読物」で扱った教育内容を問答の形式で教授するものであった。

　問答科は、庶物指教と訳されたオブジェクト・レッスン（Object Lesson）を行う科目であった。オブジェクト・レッスンは、当時アメリカの小学校で盛行していた、五官を通して知識や技能を習得させるという教育方法であり、子どもが実際に見たり、聞いたり、感じたりして物事を理解することを重視した。そのため、問答科では、実物や掛図を利用した授業が行われ、直観に働きかけて概念を形成させることが意図された（**図**）。これは、前近代的な暗記、素読を中心とした教育方法とは正反対のもので、「直観から概念へ」というペスタロッチ主義の実物教育に依拠したものであった。

図●「児学教導単語之図」を使用した授業風景　　　出典：『図説近代百年の教育』より

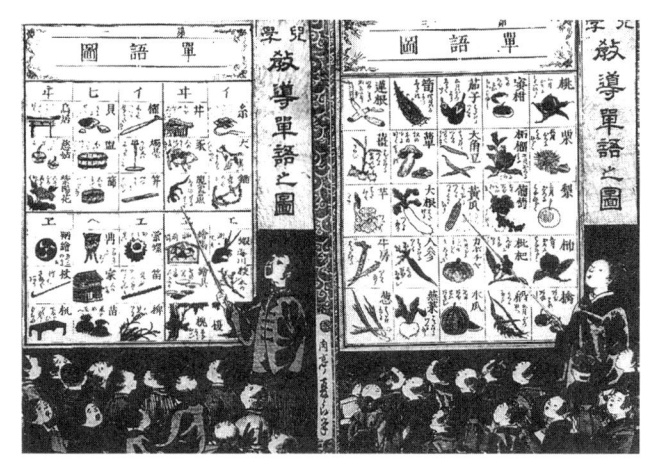

しかし、当時、問答科を理解することができた教師はほとんどおらず、実際には、問いと答えを形式的に覚えてそれを繰り返す「カテキズム」のような実践が行われ、場合によっては言語を教えることを目的とするようになっていった。このように、問答科において、本来目指されたオブジェクト・レッスンは形骸化していったのであった。

2　ヘルバルト主義教授法の影響

　わが国の文教政策は、明治前期からフランスやアメリカに倣って行われてきたが、第二次小学校令以降は、ドイツの教育制度や思想、方法が注目を集めるようになっていった。ドイツ人のハウスクネヒト（Hausknecht, Emil　1853-1927）は、1887（明治20）年に帝国大学に招聘されると、ヘルバルト主義教育学を日本に導入した。ハウスクネヒトの門下生であった谷本富（1867-1946）らは、著作活動を通してこれを紹介し、明治20年代にはヘルバルト主義教育思想は一世を風靡するようになった。ヘルバルト派の提示した教育の目的は道徳的品性の陶冶であり、当時のわが国における国家主義的政策と一致させることができたため、広く利用されたのである。

　しかし、ヘルバルト主義教育思想に見られる、個人主義的な側面が批判されるようになると、それの教育目的論研究は衰退し、代わって明治30年代には、ヘルバルト主義教授法が着目されるようになった。特に、日本に影響を与えたヘルバルトの弟子にライン（Rein, Wilhelm　1847-1929）がいる。ラインが唱えた五段階教授（予備・提示・比較・概括・応用）は、以後、日本の教育実践現場に普及していった。しかし、多くの教師は、その教授理論を解することなく、教授方法のみを採用したため、教科教授法の定型化を招いたのであった。

おわりに

　明治期になると、政府は欧米列強と渡り合うため、近代国家の確立を目指した。そのため、教育の近代化が図られたが、それは同時に西洋化とみなされ、西洋学校教育の制度や内容が導入されたのであった。日本の学校

教育は、初期においては、主にアメリカに範をとって進められた。その後、教育勅語を機に、国家主義教育体制が構築されていくと、ドイツを教育政策のモデル国として学校教育が改革されていった。

　教育現場では、近世以来の教育慣行を西洋風に改めるよう努力がなされたものの、教師が西洋教育思想を理解するのは容易ではなかった。一方、教授法の受容は積極的になされる傾向があり、そのため教育実践が形式化するようになっていった。近代教育思想に代わるものとして皇国主義思想が置かれたことにより、天皇を中心とした日本独自の近代学校教育が成立していったと言える。

　日本政府は、まず、教育制度の確立と小学校の量的拡大を目指したため、その質の確保は十分であったとは言えない。そのような中で、国家のための教育という側面がしだいに重視されるようになり、教育内容は国の文教政策に基づくものとされ、教員養成は国家に役立つ人材を育成するために整えられていったのであった。

【文献一覧】

　　稲垣忠彦『明治教授理論史研究：公教育教授定型の形成〔増補版〕』評論社、
　　　　1995年
　　海後宗臣・仲新『教科書でみる近代日本の教育』(東書選書) 東京書籍、1979年
　　片桐芳雄・木村元編著『教育から見る社会と歴史』八千代出版、2008年
　　唐澤富太郎『教育博物館』〔中〕ぎょうせい、1977年
　　唐澤富太郎『図説近代百年の教育』国土社、1967年
　　田中耕治・鶴田清司・橋本美保・藤村宣之『新しい時代の教育方法』(有斐
　　　　閣アルマ) 有斐閣、2012年
　　仲新・持田栄一編『学校の歴史』〔第1巻〕第一法規出版、1979年
　　日本近代教育史事典編集委員会編『日本近代教育史事典』平凡社、1972年
　　森川輝紀・小玉重夫 編著『教育史入門』(放送大学教材) 放送大学教育振興
　　　　会、2012年

第11章

日本の教育思想と学校の歴史③
～大正新教育運動の展開～

林　直美

はじめに

　第一次世界大戦後の日本においては、経済発展とともに自由主義思想が台頭して市民の権利意識を成長させていった。1918（大正7）年の政党内閣の成立や1919（大正8）年ごろからの普通選挙論、そして吉野作造ら民本主義者によるデモクラシーの高唱は、その現れであった。こうした社会的動向の中で、教育政策においては天皇制国家主義体制を強固にするための「臣民教育」が徹底された。しかし、こうした教育行政の方針と自由を求める民衆の意識には矛盾が生じ、その間での葛藤がさまざまなレベルで見られた。

　一般的にこの時代の教育は「大正新教育」や「大正自由教育」と呼ばれている。当時、政府が定めた教育内容を正確に教授するための画一的・形式的な教育への批判が高まっていた。この批判を受けて公教育も児童理解を尊重した教育方針を示したが、それは絶対主義的な体制を揺るがさない範囲で行われた。

　本章では、こうした自由で新しい教育を求める動きが、都市新中間層の権利欲求と結びつきながら、教育改革運動として教育界に波及していく過程を概観しつつ、その運動の教育史的意義を確認していこう。

第1節　大正期の教育政策

1　臨時教育会議の設置

　第一次世界大戦後のソビエト体制の成立と相まって、大正デモクラシーの高揚は次第に体制・政府に対する反対の機運へと高まっていった。そのような時代潮流の中、1917（大正6）年10月に国民教育の強化、教育制度再編を図るために寺内正毅は、内閣総理大臣の諮問機関として臨時教育会議を設置した。諮問機関の中には、戦後に設置された臨時教育審議会（臨

教審と略されることが多い。第12章参照）のように「臨時」がつくものがいくつか存在する。戦後の臨時教育審議会は3年間の「一時的」という意味合いで「臨時」という言葉を用いているが、臨時教育会議の場合は第一次世界大戦末期という内外ともに重大な転換のその「時」に「臨」んでという意味が込められている。まさに明治以来進められた文教政策を、抜本から改革しようとする当時の関係者の意気込みが感じられる。それまでの諮問機関が文部省管轄であったのに対して、臨時教育会議を内閣直属の管轄にしたことは審議結果に「権威」を持たせる意図があったとみられる。

会議は1919（大正8）年3月までの約1年半の間に、九つの諮問事項についての答申が行われた。九つの答申とは、(1)小学校教育、(2)高等普通教育、(3)大学教育及び専門教育、(4)師範教育、(5)視学制度、(6)女子教育、(7)実業教育、(8)通俗教育、(9)学位制度、についてであった。その他に兵式体操と国体明徴思想についても建議が行われている。

2　高等教育機関の拡充

臨時教育会議の成果としてとくに注目されるのが、高等教育制度の大改革である。義務教育の整備に続き中等教育制度が確立されると、さらに高等教育の拡充を求める声が高まった。高等学校入試倍率の推移（**図1**）に見られるように、狭き門をめぐる「苦学サバイバル」と呼ぶべき競争が激化し、次第に社会問題視されていった。このような問題の改善を図るために、1918（大正7）年に高等学校令、続いて大学令が公布された。これにより7年制高等学校が成立し、従来専門学校令によっていた私立の高等教育機関が、大学として再発足できることになった。

3　小学校教育の改善

臨時教育会議を受けて、早急に取り組まれた改革が、小学校における教育費の国庫負担を増やして財政的基礎を与えることであった。第一次世界大戦後の地方財政は疲弊していた。それは答申の一つ「市町村立小学校教員俸給ハ国庫及市町村ノ連帯支弁トシ国庫支出金額ハ右教員俸給ノ半額ニ

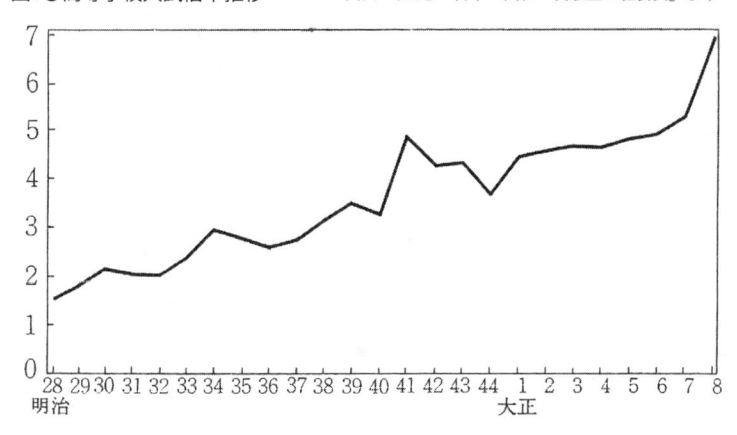

図1●高等学校入試倍率推移　出典：『立志・苦学・出世：受験生の社会史』より

達セシメンコトヲ期スベシ」という文言にも現れている。日露戦争以降、日本経済は慢性的な不況下にあり、そのしわ寄せは教育費に著しく、地方によっては教員給与の支払いが滞ることもあった。それは学校の物的条件や教員給与の水準が高かったからではなく、むしろ劣悪な状態であった。臨時教育会議の答申では教員給与の半分を国庫で支弁し、教員の賃金の低下を実質上食い止めるというものであった。このことは、国が教員の給与を支えることによって教員の社会的権威を高めることを図る一方、教員に対する国家統制を強化するという思惑もあったのである。教育の内容については、特に高等小学校の改善が課題とされ、教科目を実際生活の要求に合うように改善することが求められた。

第2節　大正期の教育思潮

1　明治末期における新教育の台頭

明治時代の教育学は、ヘルバルト派のハウスクネヒト（Hausknecht, Emile

1853-1927)が東京帝国大学に着任して以来、ドイツの教育思想研究が中心であった。明治30年代ころから帝国大学や師範学校においては、いわゆる「論壇教育学」とよばれる欧米の教育理論を研究・紹介することに重きが置かれていたが、明治末期になると19世紀末から20世紀初頭にかけての国際的な新教育運動の影響を受けた思想と試みが流入し始めた。

　ヘルバルト主義の教育学者谷本富(1867-1949)は、1900(明治33)年からの3年間にわたる欧米の新学校視察の後、ケイ(Key, Ellen　1849-1926)やドモラン(Demolins, Edumond　1852-1907)の理論に依拠した「新教育」を主張した。また、樋口勘次郎(1872-1917)は、パーカー(Parker, Francis W.　1837-1902)の理論を取り入れて自発活動を重んじ、「活動主義」を提唱した。彼らは、新時代に即応した人材育成のために、新しい人間形成の方法を模索しており、このような先駆的な思想や取り組みが、大正期の新教育運動の底流となっていた。

2　旧教育への批判

　前章でみたように、開国以降欧米に倣って導入された日本の学校制度は、明治後期にはその基礎をほぼ完成させていた。「教育勅語」の発布と教科書の国定化は国家主義教育の二大柱となり、大正期の学校教育は、この二大柱による「臣民教育」の徹底が課題とされていた。この教育行政上の課題と、高揚し始めた民衆の市民的要求とは本来相いれないものであり、両者の妥協点が模索されたのが大正期であった。大正新教育と呼ばれるこの時期の教育改革運動に共通していたのは、ヘルバルト主義がもたらしたといわれる教師中心の画一主義、注入主義、暗記主義的な教育方法に対する批判と子どもの個性や自発性を重視したことである。新教育は、先述したように、すでに明治末期に谷本や樋口によって提唱されており、それが大正期の自由主義的風潮と結びついてさらに活性化したと考えられる。

　たとえば、樋口勘次郎に学んだ国語教師芦田恵之助(1873-1951)は、児童の学力という観点から形式的・画一的な教授を批判した。芦田は著書『読み方教授』(1916年)において、当時の教育は、児童の日常生活に融合

しない法則・事実を紙に書いて、ただそれを子どもにのり付けしているようなものであり、いずれ剥がれてしまうことから、このことを学力の「剥落」と表現している。子どもが興味を持てない内容を一方的に教え込む授業への批判が高まり、新しい実践が模索され始めた。

3　八大教育主張

大正新教育を象徴的に表したものが、1921（大正10）年8月、東京高等師範学校の講堂で開催された八大教育主張講演会である（**図2**）。連日2,000人を超える聴衆を集めた講演会では、8名の教育者が登壇し、それぞれに個性的な教育論を唱えた。これらの中には、単に「教育論」に終わらず、自らの思想を具現化する新しい実践を試行した者も少なくない。特に、明石女子師範学校附属小学校の主事及川平治（1875-1939）の「分団式動的教育法」にみられる能力別グループ編成による個性化教育や、千葉師範学校附属小学校の主事手塚岸衛（1880-1941）による「自由教育」を標榜した児童中心の学校経営は、多くの教師に注目された。また、千葉命吉

図2●八大教育主張講演者と講演内容

樋口長市	自学教育論	生徒の自主的学習を重視する
河野清丸	自動教育論	自我の自動こそ文化の本体であるとする
手塚岸衛	自由教育論	子ども自らが自らの力を出して自己を開拓して進むことを重視する
千葉命吉	一切衝動皆満足論	真の教育は好きなことをやらせていくことからしなけらばならない
稲毛詛風（金七）	創造教育論	教育は創造から始まり、文化の創造を目指さなければならない
及川平治	動的教育論	従来の教育は静的であったが、教育は動的なものでなければならない
小原国芳	全人教育論	理想の真善美聖とそれを支える健富を備えた完全で調和のある人格を育む
片上　伸	文芸教育論	文芸の精神による人間の教育を行うことを力説

(1887-1959)と片上伸（1884-1928）は共に「生命」に着想した教育論を展開した。千葉の「一切衝動悉皆満足説」はその人その時における衝動を「生きんとする力の総体」と捉え、その衝動を「すべて満足させることで生命の創造へと導くことができる」とする神道理論を原理とした自由教育論であった。一方、文芸評論家であった片上は、教育界において文芸が危険有害視されることを嘆き、文芸による教育の必要性を訴えた。千葉や片上の考え方は、「自ら生きんと欲するの意志」の尊重を説く成瀬仁蔵（1858-1919）らの思潮（大正生命主義）に連なるものであった。

4　教育意識の変化

　資本主義の浸透は、家庭のあり方や教育の考え方に変化をもたらした。

　都市では、新中間層とよばれる官公吏、教員、会社員、職業軍人などが独自の文化を示すようになった。学問を修めれば出世できるという学制以降の立身出世の考え方は、先の見えない農家の次男、三男が都会を目指す動機付けとなっていた。そして、彼らの中には都会に出て新中間層として成功するものも現れた。この時期に台頭した都市新中間層の親たちが子育てのよりどころとした考え方には、童心主義、厳格主義、学歴主義があった。

　童心主義とは、「子どもは大人とは異なる純真無垢という価値を持つ」とした児童文学の理念である。その提唱者である鈴木三重吉（1882-1936）によって1918（大正7）年に創刊された児童雑誌『赤い鳥』は、子どもの自発性や個性を尊重して育てたいと考える新中間層によって支持され、わが国最初の児童文化運動の先駆的・中心的役割を果たした。童心主義とは対称的に、純真無垢だからこそ厳しいしつけが必要であるという考え方、厳格主義の志向もみられた。厳格主義は、家庭から離れた職場に通勤する父と、生産労働から切り離され専業主婦として子育てや子どもの教育に携わる母、という近代家族像の出現を背景に普及した。母親の子どもに対する強い関心は、育児やしつけのノウハウが書かれた、家庭教育書の需要を高めた。子どもには、常に良い子であることが望まれ、親の期待に添うことが求められた。さらに、学歴主義にとらわれた新中間層の親たちは、義

務教育だけでは飽き足らず、子どもに高い学歴を持たせようとした。相続させる土地や財産を持たない新中間層が、子どもを彼ら自身以上の社会的地位に就かせるためには学歴が必要であると考えたためである。そして、多くの場合、新中間層の親たちは上記の三つの主義を同時に達成しようと望みがちであったといわれている。

　新中間層の家庭が恵まれた状況に置かれていた一方で、地方では貧困にあえぐ子どもたちも多数存在していた。彼らが工場などで幼年時から労働することにより、急速に発展する資本主義を支えていたことも事実である。1911（明治44）年に工場法が成立したことによって、劣悪な環境で働かされていた子どもたちの状況改善が図られるようになったが、彼らに教育を受ける権利が保障されるには、さらなる時間が必要であった。

第3節　大正新教育の高揚

1　新しい教育実践の特徴

　大正期には、欧米の教授理論や実践の紹介・受容を通して多種多様な教育実践が展開された。これらの実践には、画一的で暗記中心主義の教育方法に対する批判と、子どもの個性や自主性を尊重するという共通項が存在していた。ただし、国家主義教育体制にあった当時において、国家が定めた教育目的や教育内容への批判は難しく、むしろ国家の教育目的を実現するための方途として新しい教育方法を提起するという形式をとらざるをえなかった。最初の私立実験学校とされている帝国小学校の「設立趣旨」（1911年）では、西山哲治（1883-1939）が「帝国の文運の進歩」に応じた「小国民の養成」を目的としていた。同様の視角は「国家の中堅となり国力の充実を謀るべき覚悟と実力とを有する人物の養成」を掲げた中村春二（1877-1924）による成蹊実務学校の「設立趣旨書」（1912年）にも見られる。

　公立学校には国家主義の教育が深く浸透していたため、新教育の実践は、

まず師範学校の附属学校、あるいは私立学校で行われた。国家統制からある程度自由であった師範学校附属学校では、比較的早い時期から独自の試みが始まった。有名なものには、及川平治が主事を務めた兵庫県明石女子師範学校、木下竹二（1872-1946）が主事を務めた奈良女子高等師範学校、手塚岸衛が主事を務めた千葉県師範学校、北沢種一（1880-1931）が主事を務めた東京女子高等師範学校の各附属学校がある。

2　新学校の設立

　大正期には、特に私立学校の創設がこの時代の教育の顕著な特徴をなしているといってよい。理想とする学校教育を実現するために、「自学」や「自治」を掲げて子どもの自由と個性の尊重を目指した多くの私立学校が開校した。代表的なものに、沢柳政太郎（1865-1927）の成城小学校（1917年）、羽仁もと子（1873-1957）の自由学園（1921年）、西村伊作（1884-1963）の文化学院（1921年）、赤井米吉（1887-1974）の明星学園（1924年）、小原国芳（1887-1977）の玉川学園（1929年）などがあり、「新教育」を標榜した新学校として有名である。

　なかでも顕著な特徴を持ち、大正新教育運動の「到達点」と評されたのが、野口援太郎（1868-1941）・下中弥三郎（1878-1961）らによる池袋児童の村小学校である。同校は1924（大正13）年、「教育の世紀社」を結成した教育改革の指導者野口援太郎によって創設され、野口の自宅で開校した。同校は徹底した自由教育を理想とし、子どもに先生を選ぶ自由、教材を選ぶ自由、時間割の自由、場所の自由を認め、協同的な学びの場としての学校を目指した。同校の教師野村芳兵衛（1896-1986）は、学校や学級を社会組織や過程に見立てた「協働自治」を提唱し、峰地光重（1890-1968）は生活綴方を実践するなど、新しい方向性を示した。「教育の世紀社」が発行した雑誌『教育の世紀』には、ダルトン・プランやドクロリー・メソッドなど欧米の教育情報が多数掲載されている。同校は、こうした教育ジャーナリズムを駆使しつつ、国際的な新教育運動の日本における一つの拠点として重要な役割を果たしていた。

3 ダルトン・プランの流行

1901（明治34）年にデューイ（Dewey, John 1859-1952）の『学校と社会』が翻訳刊行されたことにみられるように、海外の新教育に関する情報は明治30年代から日本にも流布し始めた。文部省学務局長時代の沢柳政太郎がデューイの『学校と社会』を読んで感銘を受け、翻訳本を全国の小学校に配布したといわれているが、教育現場の教師たちの間にも次第に新教育の情報は広まっていった。

なかでも、アメリカの教育者パーカースト（Parkhurst, Helen 1887-1973）が提唱したダルトン・プランは大きな影響を与えた。パーカーストは、山間の小さな小学校の教師であった経験に基づき、異学年の子どもが混在する複式学級で能力差がある子どもたちをどのように指導するかという観点からダルトン・プランを開発した。このプランは、「自由」と「協同」という考え方を中心とし、個別学習と共同学習を組み合わせて展開するものである。主要教科において子どもの能力や個性に応じた学習進度表が作成され、子どもは各自の計画に従ってそれぞれの教科の研究室へ行って自学自習を行った。プランには、子どもたちが自主的に自分の学びの進み具合を確認しながら、お互いに話し合い助け合って学習を進めていくことが盛り込まれ、画一的で形式的な一斉授業の弊害を克服することが意図されていた。

日本では、1921（大正10）年から1925（大正14）年にかけて流行した。その間多くの教育雑誌上でプランの紹介や実践報告の記事が掲載され、さまざまに議論された。ダルトン・プランは、1922（大正11）年には沢柳政太郎によって成城小学校に導入され、「自学」という観点からの研究が進められて、「時間単元法」「教材単元法」「制限自学」という新しい概念が創出されるなど、改良・工夫が加えられた。その後、明星学園や福井県師範学校附属小学校、熊本県立第一高等女学校、熊本県師範学校附属小学校など地方の学校でも実践されていった。多様な欧米の新教育実践の中で、ダルトン・プランは必ずしも代表的な様式とはいえないが、日本では「児

童中心主義」の中心的なモデルとして普及していった点が特徴的である。

　このように注目され、流行を見たダルトン・プランには批判も起こった。その批判は、このプランの原理である自由と協同という概念に関する理念的な問題や、学習進度を重視した個別教授に陥りがちであるという実践的問題、必要な物的・人的条件についてなどさまざまであり、吉田熊次（1874-1964）や佐々木秀一（1912-1986）といった教育学者だけではなく、手塚岸衛や赤井米吉など新教育の実践家によっても展開された。1920年代後半になると、全国で見られたダルトン・プラン実践化の動きは急速に衰退した。

4　教師による理論研究と実践開発

　当時の教師には、国家の教育理念を実現するために、国が定めた教育内容を正確に教授するという役割が期待されていた。教師には、教育目的や教育内容を問うことは必要なく、もっぱら教授法だけを工夫する、いわば「教授の機械」として働くことが求められていた。しかし、新教育の教育思潮が台頭し、自由主義的風潮が高まると、熱心な教師たちの中には海外の教育情報を入手して欧米の教授理論を研究し、自らの教育実践に具現化させようと試みる人たちが出てきた。多くの新教育の実践校では、校内あるいは学校を超えた研究会が組織され、個人研究・共同研究を重ねながら独自のカリキュラムや教授法を開発し、その成果を出版物として公表していった。

　日本の実践家は、同時代におけるアメリカの新教育（進歩主義教育）から先述のダルトン・プランやプロジェクト・メソッド、ウィネトカ・プランなどを、ヨーロッパの新教育からはモンテッソーリ・メソッドやドクロリー・メソッドを学んでいた。

　たとえば、プロジェクト・メソッドを導入した事例として、奈良女子高等師範学校附属小学校（奈良女高師附小）で取り組まれた合科学習がある。同校では、学習法を提唱した木下竹次を中心に教師たちがその研究に励んだ。その教育原理とされた「学習」という言葉は、今日では極めて一般的

であるが、「教授」という用語の方が主流に用いられてきた当時の教育界に新風を巻き起こした。木下らが目指したのは、決められたことをいかに学ぶのかという狭義の方法の改善にとどまらず、「何を」学ぶのかという目的そのものから子ども自身が考えることのできる学びの確立であった。

　奈良女高師附小では、小学校教育の最初の段階からこうした自律的な学習を追求することを課題として、合科学習を実施した。第1学年から第3学年までは、教科の枠を取り払い、時間割を廃止して、教科書に縛られない実践が全面的に行われた。教師は、入学時に受け持った学級をそのまま担任することを基本に、各自の実践研究を継続的に深めていくこととされた。

　同校の教師鶴居滋一（1887-？）は、教科や時間割による学習の人為的な区分を批判し、生活教育の立場から学習者の目的活動を尊重するプロジェクト・メソッドに共感した。合科学習の実施に際して、彼は学びたいことを子どもが自己決定できるようになることを何よりも重視し、学習題材の選択を個人の希望や学級での話し合いに委ねた。自己の目的を追求することでこそ、自律的に学ぶ意欲や態度も身につけることができると考えたからであった。学習題材を子どもが選択するこの実践では、「イウビンキョク（郵便局）」「ゑはがき」「ポスト」「手紙」「郵便局」などのように、同一ないし類似するものが繰り返し学習された。一見すると、似たような学習ばかり行っているかに見えるが、そのような見方は児童理解の欠如に起因すると鶴居はとらえていた。むしろ、子どもの成長とともに、同じ「題材」に対しても、新しい問いや発見が生まれる事実に着目し、その学びが広がり深化するよう注意を払っていたのである。

　このように、同校の教師たちは、「学習」を教育原理として、その原理に即した題材選択やカリキュラム開発に取り組んだ。彼らが中心となって組織した学習研究会は、講習会の開催や雑誌『学習研究』の発行を通して、その研究の成果を次々に発表していった。全国からの視察者は年間20,000人を超えるまでになったといわれている。

おわりに

　1924（大正13）年に松本女子師範学校附属小学校の川井清一郎訓導が修身の国定教科書を使わなかったことが問題になり、同訓導が休職処分を受けた「川井訓導事件」や、1925（大正14）年に公布された師範学校・中学校以上の生徒に軍事教練をすることを目的に、陸軍将校を諸学校に配属する「陸軍現役将校学校配属令」から派生した自由教育への反発、といった事件が象徴しているように、新教育への批判や弾圧は次第に激化していった。こうした弾圧に抗しきれなかったことや、体制の枠内での部分的な制度修正に留まったことが、大正新教育運動の限界であったとされている。

　たしかに大正新教育については、それが制度を変革できなかった教育運動であるという運動史的な評価がある。しかし、近年、大正新教育の合科学習やプロジェクト・メソッドなどについてのより詳細な研究が進められたことにより、これらの実践は大正期に消滅したのではなく、戦後の新教育へと連綿と続いていることが明らかにされている。そして、その教育史的な意義は、厳しい状況下にあって新しい実践を創出した「教師たちの成長」にこそ見いだされるべきであろう。教授法の工夫に終始し「教授の機械」として働くことを期待されていた「教師たち」が、子どもに寄り添い子どもとともに成長する教師へと自らの役割に対する覚醒を引き起こしたこと、それがこの運動の成果であった。

【文献一覧】
　　尾崎ムゲン『日本の教育改革：産業化社会を育てた一三〇年』(中公新書) 中央公論新社、1999年
　　遠座知恵『近代日本におけるプロジェクト・メソッドの受容』風間書房、2013年
　　沖田行司編著『人物で見る日本の教育』ミネルヴァ書房、2012年
　　片桐芳雄・木村元 編著『教育から見る日本の社会と歴史』八千代出版、2008年

唐澤富太郎編著『図説教育人物事典：日本教育史のなかの教育者群像』〔上・中・下〕ぎょうせい、1984年

小山静子『子どもたちの近代：学校教育と家庭教育』（歴史文化ライブラリー143）吉川弘文館、2002年

竹内洋『立志・苦学・出世：受験生の社会史』講談社、1991年

田中智志・橋本美保『プロジェクト活動：知と生を結ぶ学び』東京大学出版会、2012年

寺崎昌男・古沢常雄・増井三夫 編『名著解題』（教職課程新書）協同出版、2009年

日本近代教育史事典編集委員会編『日本近代教育史事典』平凡社、1971年

広田照幸『日本人のしつけは衰退したか：「教育する家族」のゆくえ』（講談社現代新書）講談社、1999年

森川輝紀・小玉重夫編著『教育史入門』（放送大学教材）放送大学教育振興会、2012年

山住正己『日本教育小史：近・現代』(岩波新書) 岩波書店、1987年

横須賀薫・千葉透・油谷満夫『図説教育の歴史』（ふくろうの本）河出書房新社、2008年

第12章

日本の教育思想と学校の歴史④
～国家主義教育と戦後の教育改革～

友野清文

はじめに

　本章では、昭和初期からアジア・太平洋戦争と敗戦、戦後の占領期、そして独立後の1950年代の動きを扱う。この時期は戦前期を1926（昭和元）～ 1945（昭和20）年と、戦後期を1945 ～ 1959（昭和34）年に大別できる。さらに戦前期は、昭和初年から1935（昭和10）年ごろまでの戦時体制準備期と、1935年～ 1945（昭和20）年8月の総力戦体制期に、戦後期は1945年8月～ 1951（昭和26）年の占領期と、1952（昭和27）年～ 1959（昭和34）年の講和後の時期に、各々区分できる。

　戦前期は、大正デモクラシーの下での自由主義的教育が急速に後退し、軍国主義化が進み、総力戦体制に入って行く中で、学校教育の制度や内容も大きな変化を見せた。同時にそれに抗する教師の運動も見られたが、戦争の中で弾圧されていった。

　戦後は、連合国の占領下で国家・社会の民主化が進められ、新しい教育の理念と内容が打ち出された。しかし独立後は、国際状況の変化の中で、その改革の見直しが行われていったのである。

第1節　経済恐慌と国家主義教育への傾斜

1　経済恐慌と社会運動の高まり

　第一次世界大戦後の日本経済は慢性的な不況状態に陥り、関東大震災（1923〈大正12〉年）により経済状態は一層悪化した。1927（昭和2）年からの昭和金融恐慌（銀行や財閥の倒産）に続いて、1929（昭和4）年の世界大恐慌に巻き込まれた。生糸の米国への輸出が激減したことに加え、1930（昭和5）年の「豊作飢餓」（デフレ政策と豊作による米価の急落）と翌年の凶作によって、特に農村が大きな打撃を受けた。

　当然のことながらこれらの状況は教育にも大きな影響を及ぼし、欠食児

童、身売りされる女の子、学校を中退して働く子どもたちが急増した。教員も、給与未払い、初任給引き下げ、寄付の強制などに見舞われた。

その中で労働争議や小作争議が頻発し、労働運動や農民運動、社会主義運動が大きな流れとなり「思想問題」が登場してきた。同時に社会問題に立ち向かう教育実践が展開されていく。

2　新興教育運動と生活綴方運動

教員の一部は、共産主義思想に基づく「新興教育運動」（プロレタリア教育運動）に乗り出し、1930（昭和5）年に新興教育研究所と日本教育労働者組合（非合法）を組織した。ここでは教員の地位向上と同時に、教育実践を通じての自らの思想の実現が図られた。たとえば「修身科無産者教授教程」（修身科教科書の内容の扱い方の解説）や「ピオニール活動」（元はソビエトの少年団であり、学校の自治活動の方法として導入された）などである。

一方、大正期の新教育運動の流れは、1930年の「日本新教育協会」（会長　野口援太郎）の成立を見た。しかし社会状況の変化によって、運動の質も変わっていく。

新教育運動を批判的に引き継いだものが生活綴方運動であった。これは子どもに綴方（作文）を書かせることによる教育実践であって、子どもは厳しい現実の中で生きる「生活者」であり、生活現実を文章化することでそれを克服していく力を育てるという視点が強調された。全国的な運動となったのは、小砂丘忠義（1897-1937）らが1930（昭和5）年に『綴方生活』を刊行したことによってであった。また、農村の疲弊が進む中で、秋田の青年教師たちが同年に『北方教育』を創刊し、東北地方を「生活台」として生き抜く子どもの育成を目指す「北方性教育運動」が展開された。

3　統制強化と対外進出

ところで政府は昭和初期の社会経済全体の危機に対して、国内での統制の強化と国外への「進出」という対応を行った。国内的には、1925（昭和14）年に、25歳以上の男性に選挙権を認めた普通選挙法と抱き合わせる形

で治安維持法が制定された。「国体の変革」（天皇制の否定）と「私有財産制否定」を目的とする結社の禁止が規定されたが、後には社会主義や共産主義だけでなく、自由主義思想や宗教団体までもが標的にされるようになった。続く1928（昭和3）年、1929年には共産党員大検挙（「三・一五事件」「四・一六事件」）が行われた。教員についても先に触れたような運動に対して「教員赤化事件」（共産主義に関係したとされる教員への弾圧）が起こり、1933（昭和8）年には長野県で100名以上の教員が検挙された。

　対外的には、中国への軍事行動が昭和初年から進められており（三次にわたる山東出兵や張作霖爆破事件）、1931（昭和6）年の「満洲事変」へとつながっていった。

4　思想統制と「日本精神」

　このような統制は、思想や教育についても進められた。当時の社会運動の有力な担い手であった学生に対する取り締まりは大正期末から行われ、1931（昭和6）、1932年には検挙学生がいずれも1,000人を超えた。また大学教師についても「三・一五事件」以降、共産党の同調者とされた教授たちが検挙され、1933（昭和8）年には京都帝国大学で「滝川事件」（文部大臣が滝川幸辰教授の刑法学説が危険思想であるという理由で休職を命じ、それに抗議する他の教授をも大学から追放した事件）が起きた。このように学問の面でも、マルクス主義だけでなく、西欧の自由主義的な思想、学説も排斥の対象となったのである。

　同時にそのような思想に代わるものとして「日本精神」が強調されていった。それを象徴するものが、1932（昭和7）年に文部省に設置された「国民精神文化研究所」である。「我が国体、国民精神の原理」を明らかにし、「国民文化」を高めることを目的として設置されたこの研究所は、全国からの教員を対象とした講習を行い、彼らが各地で講習会を行うというセンター的機能も持っていた。

　また軍による教育への介入も行われた。1932（昭和7）年には上智大学の学生が靖国神社参拝を拒否したことを理由に、配属将校（軍事教練の指

導者として学校・大学に配置された陸軍将校）の引き揚げ問題が起きた。文部省の介入が難しい私立学校への軍の関与が始まったのである。そして陸軍は1934（昭和9）年に『国防の本義と其強化の提唱』（「陸軍パンフレット」）を刊行し、「国民教化の振興」を提唱した。

第2節　総力戦体制と学校教育

1　国体明徴運動

　1931（昭和6）年の満洲事変に続き、1936（昭和11）年に日独伊防共協定が結ばれ、翌年の廬溝橋事件により日中全面戦争が始まった。1938（昭和13）年には国家総動員法が成立し、総力戦体制に入っていく。教育・思想の面では、1935（昭和10）年2月の天皇機関説事件（貴族院で菊池武夫議員が憲法学者の美濃部達吉議員の「天皇機関説」を国体に反する学説として攻撃した事件）を契機とした国体明徴運動が大きな転換点となった。政府はそれまでの主流の学説であった天皇機関説を、2次にわたる「国体明徴声明」によって攻撃したのである。

　同年11月に文部大臣の諮問機関として教学刷新評議会が設けられ、西欧的な思想、文化（個人主義、自由主義）を退け、「国体観念、日本精神」を根本とした学問教育の樹立がうたわれた。『国体の本義』（1937年）や『臣民の道』（1941年）は、この立場から「万世一系の天皇」を戴く日本固有の道徳と学問を述べたものであり、「皇国民教育」の基本とされた。

2　教育審議会

　教育刷新評議会はまた、内閣に教育諮問機関の設置を建議した。これによって1937（昭和12）年、文部省に独立性の強い外局として教学局が置かれ、同年12月に教育審議会が発足した。「皇国の道に帰一する教育」のために、学校教育だけでなく、社会教育や家庭教育を含めた教育の全体的な

再編成を行うことで「全一的なる国民の生活錬成」が目指された。1941（昭和16）年10月までに、7本の答申と4本の建議が出された。その内容は多岐にわたるが、実施されたものとしては、小学校に代わる国民学校の設置、男子についての青年学校（実業補習学校と青年訓練所を統合して1935年に発足した勤労青少年のための学校）義務化、中学校・高等女学校・実業学校の中等学校への制度的統合、師範学校を専門学校と同等化すること、が挙げられる。

3　国民学校

1941（昭和16）年12月の真珠湾攻撃によって日本は太平洋戦争に突入した。戦時体制下の学校教育を象徴するものが、同年4月の国民学校の発足であった。

国民学校は、その目的が「皇国ノ道ニ則リテ」「国民ノ基礎的錬成ヲ為ス」（国民学校令第1条）とされ、総力戦体制下での皇国民の育成が目指された。初等科6年、高等科2年の計8年が義務年限とされ、従来より2年延長された。（ただし戦争の激化により実現はしなかった）教科は、国民科（修身・国語・国史・地理）、理数科（算数・理科）、体錬科（体操・武道）、芸能科（音楽・習字・図画・工作・裁縫・家事）の4教科（かっこ内は科目）に統合され（高等科では実業科が加わる）、国家主義的で戦争遂行のための教育内容となった。

国民学校は「錬成の道場」とされ、学校外の少年団や隣組の活動も組織され、子どもの生活全体の中での訓練が行われたが、その目的は皇国へ身を捧げることであった。

ただ国民学校令の規定の中には、就学義務の徹底（就学猶予・免除の条件から「貧窮」が除外され、また、家庭で義務教育を行うことができる規定が削除された）や学齢と就学義務期間を一致させるものも含まれており、義務教育制度の整備という側面もあった。

なお、教育審議会答申に従い、1943（昭和18）年に「中等学校令」公布、「師範学校令」改正が行われたが、いずれもその目的は「皇国ノ道ニ則リ

テ」「錬成ヲ為ス」とされた。

4　戦争の激化と学校教育の崩壊

　1942（昭和17）年6月のミッドウェー海戦で戦況は悪化し、4月には初めての本土空襲を受けた。そのような中で子どもを含めた国民は戦争へと動員されていった。国内の労働力不足に対しては、翌年6月に政府が「学徒戦時動員体制確立要綱」による勤労動員命令を発し、学生・生徒に工場や農村での労働に従事させた。兵力不足に対しては、1943（昭和18）年10月の「在学徴集延期臨時特例」と「教育ニ関スル戦時非常措置方策」によって理工系と教員養成系を除く学生の徴兵猶予が廃止され、20歳以上の学生に対する徴兵が行われた。（学徒出陣）

　国民学校でも教師たちは、少年飛行兵・少年戦車兵や「満蒙開拓青少年義勇軍」などへの志願を呼びかけたのであった。

　1944（昭和19）年6月、米軍のサイパン島上陸が迫る中、政府は国民学校児童の集団疎開を決め、8月に第1陣が出発した。同月には学徒勤労令が公布され、「勤労即教育」の学徒勤労動員体制が制度化された。1945（昭和20）年になると、3月の「決戦戦時措置要綱」と5月の「戦時教育令」によって、国民学校初等科以外の学校の授業は停止され、生徒たちは「学徒隊」による生産と防衛に当たった。戦争の末期には学校教育は崩壊状態に陥ったのであった。

第3節　戦後教育の出発

1　GHQの「四大指令」と米国教育使節団

　1945（昭和20）年8月15日、日本はポツダム宣言を受諾、降伏し、連合国の占領下に置かれることとなった。9月15日に文部省は「新日本建設ノ教育方針」を発表した。ここでは「文化国家、道義国家」の建設がうたわ

れている一方で「益々ノ国体護持ニ努ムル」とされていた。

　同年10月に連合国総司令部（GHQ）は「民主化に関する五大改革指令」を発表するが、その中の一項目が「学校教育の自由主義化」であった。それに基づき、12月までに教育についての四つの指令が出された。それは、軍国主義・超国家主義思想の排除、そのような思想を持つ教師の罷免、修身・日本歴史・地理の停止などであり、戦時下の教育の否定と戦後教育の民主的再建の基礎となるものであった。また12月には「女子教育刷新要綱」（閣議了解）が出され、大学の女子への門戸開放などがうたわれた。

　翌年3月には第1次米国教育使節団が来日し、4月に報告書がまとめられた。序論で「教師の最善の能力は、自由の雰囲気の中でのみ栄えるものである。この雰囲気を備えてやるのが教育行政官の務めであり、決してその逆ではない。子供たちの測り知れない資質は、自由主義の陽光の下でのみ豊かな実を結ぶ。この光を供するのが教師の務めであり、決してこの逆ではないのである。」（『アメリカ教育使節団報告書』p.22）と述べられ、自由主義と民主主義を基調とした教育を打ち出した。

2　教育刷新委員会

　米国教育使節団来日に当たって、その受け入れのための日本側教育家委員会が組織された。使節団離日後の1946（昭和21）年8月、この委員会は教育刷新委員会に引き継がれ、占領下での教育改革の中心となった。（1949〈昭和24〉年からは教育刷新審議会となり、1952〈昭和27〉年に廃止）ここでの議論に基づいて、教育基本法や学校教育法の制定、六・三制の学校教育制度の実施、社会科の成立、公選制教育委員会の設置などが行われた。委員会は教育家を中心とした各界の専門家約50名から成っていたが、委員長を務めた南原繁（1889-1974）は、戦後の教育改革が日本人の自主的判断によって進められたことを繰り返し強調していた。

3　教育基本法

　1946（昭和21）年11月、日本国憲法が公布された。第26条に「教育を受

ける権利」が規定され、同時に「法の下の平等」や「学問の自由」も定められた。

教育刷新委員会は、その直後の11月末の第1回建議で「教育基本法の制定」の必要性とその内容の骨子を提示した。これを受けて文部省が法案を作成し、教育基本法は1947（昭和22）年3月31日に成立した。

法は前文と11の条文、付則からなる。第1条（教育の目的）で「教育は、人格の完成をめざし、平和的な国家及び社会の形成者と」なるという目的が明示された。この目的は「学問の自由を尊重し、実際生活に即し、自発的精神を養い、自他の敬愛と協力によつて」実現されなければならないとされている（第2条）。そして、教育の機会均等など（第3条）、9年間の無償義務教育（第4条）、男女共学（第5条）、学校教育の公共性と全体の奉仕者としての教員（第6条）、「教育が不当な支配に服することなく、国民全体に直接に責任を負つて行われるべき」であるとした上で、そのための「諸条件の整備確立」としての教育行政（第10条）などが規定された。

このように教育基本法は戦後教育の理念とその基本的あり方を規定した、教育の根本法であった。

なお教育勅語については、やはり教育刷新委員会で議論が行われ、当初は新勅語渙発論もあったが、1946（昭和21）年10月の文部次官通達で、学校での奉読や神格化する取り扱いが禁止された。これは必ずしも勅語自体を否定するものではなく、教育基本法制定時の議論でも、文部省は教育基本法と教育勅語は矛盾するものはないという立場を取っていた。しかし1948（昭和23）年6月に衆議院で「教育勅語等排除に関する決議」、参議院で「失効確認に関する決議」が各々可決され、それを受けて勅語謄本の回収が指示された。

4　学校教育の民主化

学校教育について戦後最初に問題となったのは、教科書の取り扱いであった。文部省は9月20日に通達を出し、国防軍事を強調する教材などの削除を命じた。（いわゆる「墨塗り教科書」）歴史研究者の入江昭（1934-）は、

10歳で経験した「墨塗り」体験によって、「『史実』というものは戦争の結果如何で書き換えられうるものだ、ということを身をもって実感した」ことが歴史家としての出発点であったと回想している。(『歴史を学ぶということ』p.20)

　1946（昭和21）年になると、GHQの「四大指令」や米国教育使節団報告書を受けて、5月に文部省が『新教育指針』(47年2月までに全5冊)を発表した。これは新しい教育についての教師用の手引きとして作成されたもので、「人間性・人格・個性の尊重」「科学的水準及び哲学的・宗教的教養の向上」「民主主義のてつ底」などが示されている。はしがきで「本省はここに盛られてゐる内容を、教育者におしつけようとするものではない。(中略)むしろ教育者が、これを手がかりとして、自由に考へ、ひ判しつつ、自ら新教育の目あてを見出し、重点をとらへ、方法を工夫せらることを期待する。」(『戦後教育の原典1』p.41)と述べられているように、教師の自由と主体性を基礎とする教育実践が目指されている。

　新しい学校制度は、教育基本法と同時に成立した学校教育法によって、小学校（6年）と中学校（3年）が義務教育学校として、1947（昭和22）年4月に発足した。高等学校（3年）は1948（昭和23）年、大学（4年）は1949（昭和24）年からである。義務教育年限が9年に延長され、単線型の学校体系が成立したのである。高等学校は、希望者は全て入学できることが原則とされ、「小学区制・男女共学制・総合制（普通教育と職業教育の一体化）」という「高校三原則」が打ち出された。さらに戦前には原則として男子のみが入学できた大学は、女子にも門戸を開いた。

5　学習指導要領と新しい教科

　学校の教育課程の基準となるものとして、学習指導要領が編成された。最初に出された『学習指導要領一般編（試案）』(1947〈昭和22〉年3月）は、「試案」の名称が示すように「新しく児童の要求と社会の要求とに応じて生まれた教科課程をどんなふうに生かして行くかを教師自身が自分で研究していく手引き」(序論)とされていた。社会科と家庭科が新しい教科と

して登場し、自由研究の時間も設けられた。このうち社会科については、1945（昭和20）年10月から「公民教育刷新委員会」で、従来の修身科に代わるものとしての「公民科」構想がきっかけとなり、社会を改善するための問題解決学習として展開するものとされた。また家庭科は、従来のように女子向けの家事・裁縫を合わせた技能教科ではなく、家庭生活の民主化と家庭責任を果たす能力の育成が目的とされた。この二つの教科に、戦後の新しい社会建設の中心的な役割が期待されたのである。

教科書については、当初は文部省が編纂したが、（たとえば社会科の『あたらしい憲法のはなし』『民主主義』など）、1948（昭和23）年から教科書検定制度が導入され、それ以降は民間の出版社によるものが主流となった。

6 公選制教育委員会

教育行政については、教育刷新委員会の建議などに基づいて、1948（昭和23）年に成立した教育委員会法により、地方自治体での教育委員会制度が導入された。この制度は米国で発達したものであり、教育に住民の意見が反映される「素人支配」と、教育長を中心とする「専門家の指導性」のバランスを図ろうとするものである。教育委員会法では、教育基本法第10条の規定を受けて「公正な民意により、地方の実情に即した教育行政」を行うことがその目的とされた。教育委員会が教育に関する権限を持つことで、教育行政の地方分権化と、一般行政からの教育行政の独立が目指されたのである。また地域住民の意思の反映のために公選制が取り入れられた。

最初の選挙は1948（昭和23）年10月に実施されたが、投票率の低さや組織による動員などの問題が指摘され、公選制廃止論が主張された。

7 教育実践運動の展開

戦時下には抑えられていた教師の実践運動も戦後再び始められた。生活綴方運動の流れをくむ無着成恭の『山びこ学校』（1951〈昭和26〉年）は、農村の中学生の作文集であるが、厳しい生活現実に向き合い改革をしていく力を育てようとしたものであった。

新教科の社会科については、「コア・カリキュラム連盟」(1948年) や「歴史教育者協議会」(1949年) が結成され、教師と研究者による実践が進められた。また数学教育協議会 (1951年) や「日本作文の会」(1952年) など、多くの民間教育研究団体が発足した。

第4節　講和条約後の転換

1　独立回復と国際状況の変化

　1952 (昭和27) 年4月のサンフランシスコ講和条約の発効により、日本は主権を回復した。同時に中華人民共和国の成立 (1949年)、朝鮮戦争の勃発 (1950年) など、東西冷戦構造がアジアにも広がりを見せてきた。講和条約と同時に結ばれた日米安全保障条約によって、日本は米国の戦略の中に組み入れられ、「共産主義への防波堤」の役割が求められることになった。

　それは1950 (昭和25) 年に来日した「第2次米国教育使節団」報告書の「社会教育」の項目の中で「極東において共産主義に対抗する最大の武器の一つは、日本の啓発された選挙民である。」と述べられていたことに示されている。また1953 (昭和28) 年の「池田・ロバートソン会談」でも、「平和教育」が日本の防衛力拡充の大きな制約になっているとされた。

　このような動きに対して、1947 (昭和22) 年に組織された日本教職員組合は「教え子を再び戦場に送るな」というスローガンを掲げ運動を行った。

2　戦後教育の見直し

　このような状況の中で、戦後教育の見直しが進められていった。講和条約締結を控えた1951 (昭和26) 年5月に政令改正諮問委員会が設置され、占領下での政策の見直しが行われた。同年7月の「教育制度の改革に関する答申」では、六・三制の見直し (原則は維持するが、例外を設ける) や教

科書国定化を含めた案が示された。1952（昭和27）年6月には中央教育審議会が発足し、教育制度と内容の見直しが進められた。

教育内容では特に、道徳教育の振興と社会科の扱いが課題となった。道徳教育については、文部省は1951（昭和26）年に「道徳教育振興方策案」「道徳教育手引要綱」をまとめ、同年11月には天野貞祐文部大臣が「国民実践要領」を発表した。社会科についても、地理・歴史の重視や「民主的道徳の育成」を中心とした改訂が議論された。

また「山口県日記事件」（1953年）や『うれうべき教科書の問題』（日本民主党、1955年）などで「偏向教育」が社会問題化し、1954（昭和29）年に「義務教育諸学校における教育の中立性確保に関する臨時措置法」が成立するとともに、教育課程や教科書についての規制の必要性が主張された。

同時に戦後の経験主義教育による学力低下の克服や科学技術教育の振興なども課題となり、1958（昭和33）年の小中学校の学習指導要領では、「道徳の時間」の特設、系統主義の重視、理数教育の強化が改訂の眼目とされた。同時に、官報告示とすることによって、それまでの「試案」ではなく「法的拘束力」を持つものとされた。

教育行政では、教育委員の選挙は1952（昭和27）年5月の第3回で最後となり、1956（昭和31）年に「教育委員会法」に代わる「地方教育行政の組織及び運営に関する法律」の制定によって、委員が首長によって任命される「任命制教育委員会」となった。同時に文部大臣の「措置請求権」が認められることで、中央集権化が進められた。

3　経済発展と教育

以上のような動きと並んで見られたのが、経済復興と発展のための職業・技術教育への要求である。先に触れた政令改正諮問委員会答申でも、中学校以上での職業課程と普通課程の分離や職業教育の充実が提案されていたが、日本経営者団体連盟（1948年発足。主に労働問題を扱う経済団体）の「新教育制度の再検討に関する要望」（1952年）や「当面教育制度改善に関する要望」（1954年）では、職業教育や道徳教育の重視、学校制度の

多様化が主張された。

おわりに

　本章で扱った時期については、戦前と戦後の「連続」と「断絶」が問題となる。たとえば臨時教育審議会（1984～1987年）で、現在の義務教育制度は国民学校制度を基盤としているという議論があった。臨教審は「配給型学校制度」の源を国民学校に求め、その廃止を訴えたのである。国民学校と戦後の小中学校は、教育目的の点では「断絶」しているが、制度面では「連続」している面があるのは事実である。

　もう一つは、占領期の改革についての「押しつけ論」についてである。教育基本法や六・三制を議論した当事者は日本側の自主性を強調しているが、現時点での評価は分かれている。これらの点について、読者自身で直接資料に当たり判断されることを期待する。

【文献一覧】

　　伊ヶ崎暁生・吉原公一郎編著『戦後教育の原典1』現代史出版会、1975年
　　入江昭『歴史を学ぶということ』（講談社現代新書）講談社、2005年
　　国立教育研究所編『日本近代教育百年史』国立教育研究所、1973年
　　文部省編『学制百年史』帝国地方行政学会、1972年
　　宮原誠一［等］編『資料日本現代教育史〔増補〕』三省堂、1974年
　　村井実 全訳解説『アメリカ教育使節団報告書』（講談社学術文庫）、講談社、
　　　　1979年

第13章

現代日本の教育課題
～グローバル化と機能的分化～

西井麻美

第1節　グローバル化が進む今日の社会の特徴

1　グローバリゼーションと機能の分化

　今日の社会では、国際化（グローバル化）がめざましく進展している。グローバル化した社会では、人や物資、さらに金銭などが、日々国境を越えて行き交う他、情報の分野においても、インターネットの普及などにより、地球規模でのネットワーク化が進み、より早く、より広く情報の伝搬・伝達が行われていくのが大きな特徴となっている。

　さらに、グローバル化のもとでは、社会の発展や経済成長の推進力として、国や地域の枠を越えた活動が、ますます大きな役割を占めていくようになると言ってもよい。

　このような現代のグローバル化の状況は、「グローバリゼーション」とも称されている。グローバリゼーションについては、一方で、消費市場において均質化を過度に促進し、これまで存在してきた多様な文化を消滅させる原動力となっているという批判もある。これに対し、後に触れるが、多文化共生社会に意味を見いだし、持続可能な社会づくり・人づくりを目指す新たな教育理論（たとえば、「持続可能な開発のための教育／持続発展教育（Education for Sustainable Development：ESD）」）が、近年の国際社会では展開されている。

　また、国際的に市場が拡大・開放されることにより、市場原理のもとでの競争主義がまん延して行くという危機感を募らせる人々もいる。

　しかし、グローバリゼーションについて、ネガティブな側面にばかり目を向けるのではなく、新たに芽生え始めた特質をとらえようとする研究者たちも少なくない。サッセン（Sassen, Saskia　1949-）などは、グローバリゼーションに内在する力学として、「グローバルな視点を保持する認識の共有」が世界の至る所で生じていたり、環境や人権などのテーマに関して、活動家たちが国境を越えてネットワークを形成しながら問題解決を模索し

たりしていることに注目し、越境的力学に着目すれば世界規模でのさまざまな相互作用（経済的領域だけでなく、政治的、文化的、社会的領域の）活性化状況が見えてくると指摘する（もっとも、この活性化状況は、理想的な形で世界に形成されているとは限らないし、活性化の一方で格差がより激しくなっている傾向にも注意しなければならない）。

　このような視点の転換は、グローバリゼーションを競争とヒエラルキーの観点から考察する姿勢から、機能の分化に焦点を当てて考察する姿勢にチェンジすることで可能になると、サッセンは考えている。さらに、この機能の分化は、グローバル・シティーという概念を追求する中で、具体的に探求できるのではないかというのが、サッセンの提唱である。1980年代後半以降顕著になったグローバル・シティー（大都市という意味ではない）は、たとえば経済の分野においても、互いに競争するだけでなく、グローバル経済ネットワークの中で機能を分けあっている（機能の分化）状況にある。そして、このようなネットワーク機能の視点から、グローバル化を検討するなら、今日では、必ずしも国際的規模での競争が重要なファクターなのではなく、むしろ、機能越境的ネットワークをつくることが重要となるとサッセンは、主張する。

2　グローバル化による競争の新たな側面

　グローバリゼーションが、むしろ、これまでにない新たな競争の窓口を開いたという見方もある。その一つが、フリードマン（Friedman, Thomas L. 1953-）が主張した「世界のフラット化」という概念にこめられている競争の視点である。

　フリードマンは、グローバリゼーションには、これまで大きく三つの異なる時代のものがあったとしている。第1のものは、大航海時代におけるグローバリゼーションで、ここでは、物理的な力（腕力、馬力、風力、後には汽力・蒸気動力）に優れた国が、自国（旧世界）を基点に遠く離れた地域（新世界）へと、どんどん貿易の手を広げていった。この第1のグローバリゼーションにおいて、重要な課題は、あくまで自国を核として、他国

との競争を勝ち抜き、そのために他地域の人々ともうまく力を合わせるということにあった。

　第2のグローバリゼーションは、およそ1800〜2000年の間に起こったもので、ここで重要な役割を果たしたのは、多国籍企業であると、フリードマンはとらえている。そして、多国籍企業により形成されていった世界市場と、そこでの生産と労働力のあり方が、この第2のグローバリゼーションの大きな特徴になっているとする。この時代には、蒸気船、鉄道、電話、さらにはコンピューターなど、ハードウェアにおいて格段の進歩がもたらされ、それらを駆使して世界経済におけるビジネスチャンスを、どの企業がものにできるか（企業間競争）が大きな課題であった。

　しかし、2000年前後から全く新しい第3のグローバリゼーションが始まっていると、フリードマンは考えている。ここで重要なのは、個人や小集団である。今や、個人や小集団が、グローバリゼーションを牛耳れる力を有することが可能な世界になってきていると彼は指摘する。しかも、これまで、発展途上国といわれてきたような国や地域の人であっても、たとえばBRICSの人などは、先進諸国の人と遜色ない力を発揮し始めている。このような人種・国家にかかわらずどんな個人であっても、力を発揮する可能性があるという第3のグローバリゼーションの特徴を備えた社会への変化を、フリードマンは、「世界のフラット化」と呼んだ。

3　キャリア・職業にかかわる課題

　フリードマンの考えるフラット化した世界では、インターネットなどの高速通信を駆使し、高度な技術を活用して、グローバリゼーションを優位に切り抜けられるだけの技能を身につけることができる教育が重要視される。さらには、知識に加えて、人間関係を築く力やリーダーシップをとる力、新たな価値観を創造する力など、トータルな知力ともいうべき力量を身につけているかどうかが、社会において経済的に豊かな生活を送る上で、重要な鍵を握るようになる。

　近年の日本では、小学校から大学までを通じて、キャリア教育の推進を

行う教育政策が進められているが、そこで培おうとしている力量には、人間関係を築くコミュニケーション・スキルや、チームワーク、リーダーシップなどが含まれている。近代化が進んだ日本の教育状況には、フリードマンが指摘するグローバリゼーションの傾向が見られると言えるかもしれない。

　また、迅速さと、コストが、重要な課題となるため、付加価値が低い機能はアウトソーシングされ、付加価値が高い機能はますます尊重されるという機能の切り分けが起こる。このような社会にあっては、付加価値を創造する知力を発揮できない人々は、よい仕事を見つけることができず、このような人々を対象とする職業訓練や社会的なセーフティーネットが必要な社会となると、フリードマンは警告している。

　先に挙げたキャリア教育とならんで、職業教育も取り組みが進められているが、2011（平成23）年1月31日に中央教育審議会が出した答申「今後の学校におけるキャリア教育・職業教育の在り方について」では、今日では、産業構造や就業構造の変化が著しく、先行きが見えにくい時代が到来しており、若年層の失業率も高く、子どもも若者も、夢や希望を抱いて活動しにくい状態となっているが、このことは個人の問題ではなく、社会全体を通じた構造の問題だと指摘している。

　しかし、若者の側にも、さまざまな課題がある。このような厳しい経済状況にあって、より一層社会的・職業的力量を培っていかなければならないことは、自明であるにもかかわらず、現代の若者の少なからずが、将来への目的意識が曖昧で、職業観も未熟である他、コミュニケーション能力など、職業人基礎力というべき力量が低下してきていると、先述の中央教育審議会答申においても指摘されている。

　その結果、社会的・職業的自立が出来ていないまま、職業に就く若者も少なくない。文部科学省によれば、2011（平成23）年の時点で、新卒者の3年以内離職率は、高卒で4割、大卒では3割に達している。また、総務省によれば、2012（平成24）年における完全失業率は、年齢別では、男女ともに15歳から24歳までが最も高く（男性8.7％、女性7.5％）なっており、同

年の平均4.3％よりはるかに高い率を示している。このような状況の背景は、若者の社会的・職業的自立の未熟さも少なからず関係していると考えられる。

4　帰属意識の変化

　近年、終身雇用を基盤としてきた日本の雇用形態が変わりつつあり、企業への所属意識も従来とは変わりつつある。しかし、所属意識の変化は、企業に限ったことではない。転勤族などの移動が増えたことなどにより、伝統的な地縁が崩れて行っていることは、ずいぶん前から指摘されており、地域集団・コミュニティへの帰属意識も大きく変化している。

　それはまた、日本に限ったことではない。近年の米国社会におけるコミュニティ意識の変化について、パットナム（Putnam, Robert. D.　1940-）は、市民的なつながり（社会関係資本）に焦点を当てて、伝統的なつながりが、1970年代以降減少している様相を浮き彫りにした。

　米国において、かつては市民が活発に参加していた教会や労働組合、PTAなどの組織的活動はもとより、今日でも人気が高いボウリングのようなレクリエーションの領域においても、かつては、リーグ選に好んで参加していた米国市民が、チームに参加することをしなくなったとして、今日における米国市民の希薄な社会関係のあり方を「孤独なボウリング」と表現した。

　このように、集団や組織と個々人との関係も、近年では、これまでとは大きく変わってきている。そのため、これからの社会では、必ずしも集団や組織のバックアップがない状態で、一人ひとりが自分の力量に応じて社会参加を行うといったことが増えていく傾向にあると言ってもよいだろう。

　そして、そのような個々人の社会参加を支えるだけの力量を培う教育が、近年のグローバル化社会における課題となっている。

第2節　知識基盤社会における教育

　社会の伝統的な人間関係が希薄化していることについて、第1節において触れたが、その一方で、近年、社会的ネットワークの形成方法として増加しているのが、インターネットの利用である。しかし、ここにも教育に関連する課題が存在している。デジタルデバイド（情報格差）の問題である。IT（情報通信技術）を活用できるかできないかで、人々の間に情報格差から、さらに経済格差までが生じている。たとえば、近年、大卒生の採用には、インターネットを通じた応募方法をとる企業が増えてきている。インターネットを通じたアクセスができなければ、企業の説明会への参加さえもできない。

　このような状況に至っている背景としては、今日の社会が「知識基盤社会」であることを挙げることができるだろう。

　21世紀のグローバル化社会においては、特に知識・情報・技術などの「知力」が、社会のさまざまな領域において決定的な役割を果たすようになるため、知識などの知力の重要性が格段に増加すると考えられており、そのような考えに立つ社会観を「知識基盤社会」という。これなども、先に触れたフリードマンの考え方と一部共通する視点を持っている。

　しかし、この「知識基盤社会」の特性を誤解してはいけない。高い学歴を得ることは、社会で発展していく上で、一つの可能性を開いてくれるかもしれないが、そのことがそのまま、社会での成功を保証してくれるわけではない。

　このことについて、ルーマン（Luhmann, Niklas　1927-1998）は、今日の社会が機能的分化されているという観点から説明している。中世では、出自が社会でのステータスであったのに対し、近代以降は、さまざまな機能を持つ社会システムが統合する機能的分化社会へと変化したため、個々人の社会での成功は、個々人が属する個々の機能システムの基準にどのくらい沿っているのかによるようになっているとする。学校教育も機能システ

ムの一つととらえられるが、職業・仕事が属する経済もまた、もう一つの機能システムを形成しており、両者は、全く異なる規準で動いている。そのため、教育システムの選別の仕方である受験競争での勝利者が、経済システムにおける職業・仕事でより自己を発展させていけるとは限らないという見方を、ルーマンはしている。

　また、OECDは、近年では、グローバル化と近代化に伴う職場のオートメーション化が急速に進んでいることが、ルーティーンワークしかできない人への需要を減らす一方で、専門職などの知識基盤型労働が行える人に対する需要と評価を高めているとして、このような変化が、教育上の成功の規準も変えていると述べて、これからは、人々が知識労働者になることを可能にする教育が重要になるとしている。具体的には、機械では行えないような、複雑な問題解決や、広範囲な情報源から素材を集めて創造的に統合することや、生産的な方法で他者と協力して活動するなどといった力量を培う教育である。

　さらに、田中智志は、機能的分化社会においては、何らかの利潤を生み出す有用性が重視される結果、卒業生を一流企業に就職させることや、社会で有利な資格が取得できることなどで、学校の価値が決定されるようになってきており、無償の愛や相互扶助など、教育において重要な人間性を培うことが看過される危険が出てきていると指摘する。今改めて教育とは何か、社会状況にそって検討することが求められていると言えるかもしれない。

　このように、知識基盤社会の到来により、グローバル化する経済や市場の動向が、ますます教育のあり方にも影響を及ぼすようになった一方で、グローバル化の下での教育課題を浮き彫りにし、それにチャレンジすることで、近代を超克する教育刷新にを可能にする新たな機会も生まれてきていると考えられるのではないだろうか。

第3節　新たな持続可能な社会に向けて

1　近年の教育政策の観点

　学習指導要領が改正され、小学校では、2011（平成23）年4月から、中学校では、2012（平成24）年4月から、そして、高等学校では、2013（平成25）年度入学生から（数学および理科は平成24年度入学生から）実施されるが、そこにおいてキーワードとされているのは、知識や技能の習得とともに思考力・判断力・表現力など、これからの社会において重要となる「生きる力」である。

　「生きる力」を核とする今回の学習指導要領の教育理念について、文部科学省は、これからの教育は、「ゆとり」でも、「詰め込み」でもなく、次代を担う子どもたちが、これからの社会において必要となる「生きる力」を身につけることを目標とするものであると説明している。

　「ゆとり」教育とは、これまで改訂され1980（昭和55）年、1990（平成2）年、2002（平成14）年に実施されてきた、学習指導要領のもとで行われた教育のことを指していわれるが、それは、学習者個々人にとって、学習内容や学習時間が、ゆるやかであるという意味で用いられる場合が多い。そこには、他者との関係性や、社会と学習者とのつながりを問う視点は、ほとんど含まれていない。「ゆとり」教育と対比される「詰め込み」教育も、同様である。

　それに対して、「生きる力」は、個々人にとっての学習の視点と共に、社会と学習者とのつながりを視野に入れた教育観である。

　しかし、「ゆとり」教育の下でも、学習者の社会とのかかわりについての視点がなかったわけではない。それどころか、「ゆとり」教育の推進の中でも、「生きる力」を培うことの重要性は、強調されていた。たとえば、2000（平成12）年度当時の文部省が編集した『我が国の文教施策』では、実施していこうとする教育改革の基本的な考え方について、次のように述

べられている。

> これからの教育は、家庭、地域社会、学校を通じて…（略）子どもたちに「ゆとり」を持たせ、その中で自ら学び、考え、行動する「生きる力」をはぐくむことが重要です。そのためには、社会生活のルールなどを幼少時から確かに身に付けさせ、正義感や倫理観、思いやりの心などの豊かな人間性をはぐくむ心の教育を充実していくことが必要です（『我が国の文教施策』p.2）。

さらに、同書は今後、教育改革を進めていく上で特に緊急性が高いものとして、国際化と情報化への対応をあげ、外国語教育や情報教育の充実を図ると共に、自国の歴史や伝統、文化を大切にし、豊かな国際感覚を持った日本人の育成を行うことが不可欠だと述べている。

このように、これまでを振り返ってみると、目標とする教育理念を実現するためには、学習内容や学習時間が多い・少ないといったことだけに目を向けていたのでは、達成は難しい。また、フリードマンが警告したグローバリゼーションの陥穽（かんせい）にはまらないためにも、現実の社会を把握し、そこで生きる人々の姿をとらえながら、教育を構想していくことを、一人ひとりが考えていかなければならないだろう。

2 ESD

近年、国際社会が取り組んでいる教育政策の一つに、「持続可能な開発のための教育／持続発展教育（ESD）」がある。2005（平成17）年からは、国連において「ESDの10年（DESD）」の教育政策が始められているが、これを提案したのは、日本である。

ESDとは、持続可能な社会づくり・開発のための教育を指している。ここでいう「持続可能な社会」とは、1987（昭和62）年の「環境と開発に関する世界委員会（ブルントラント委員会）」による報告書『われら共通の未来（Our Common Future）』において示された「持続可能な開発〈将来の世

代のニーズを満たしつつ、現在の世代のニーズも満足させるような開発〉」により創られる社会のことである。

　さらに、ESDでは、自然と人間とのつながりや、自分とさまざまな他者（身近にいる人々だけでなく、海外の人々や異文化の人々までも含め）とのかかわりなど、社会のさまざまな絆を認識し、異なる立場や分野の人々とも連携していくことが重要とされている。つまり、ESDには、多文化共生社会を目指す視点が内在していると言ってもよいだろう。

　また、2012年には「国連持続可能な開発会議（リオ＋20）」がブラジルのリオデジャネイロで開催され、国連の会議としては、過去最大の参加者数（約4万人）を記録したが、それを機会に、ユネスコ事務局長とスウェーデン環境大臣、日本の文部科学大臣の連名で「ユネスコ　持続発展教育（ESD)に関する、リオ＋20サイドイベントにおける持続可能性のための教育」が公表された。そこにおいて、持続可能な社会づくりは、正しい知識や技術、価値観を身につけた人々により達成されるものであり、その意味で教育は、経済や政治に劣らない重要性を持つという主旨の意見が述べられている。

　このような国際社会の動向を踏まえて、日本では、グローバル人材の育成をこれからの最優先教育課題の一つに掲げている。

　グローバル人材とは、外国語を用いたコミュニケーション能力のみならず、異文化を理解しようとする精神や国際感覚、そして、新たな価値の創造に取り組む力などを有し、国際的に活躍できる人材とされている。

　グローバル化が進む国際社会の動向に反比例するかのように、海外留学などが減少し、内向きな若者が増えている日本の現状に危機感を抱いている人々は少なくない。そのため今、日本では産学が協力してグローバル人材を育成しようとするさまざまな施策の展開が始まっている。

　また、2013（平成25）年4月に出された中央教育審議会答申「第2期教育振興基本計画について」では、国際競争力強化に向けて、それぞれの大学が保有している機能を明確化し、その機能を十分に発揮できるような機能別文科を推進することが、基本施策の一つに位置づけられた。しかし、そ

れと並行して、ネットワークを通じて各大学が機能の相互利用を行うことも、提言されており、大学の機能別分化とネットワーク化は、セットで実効性を発揮すると見なされている。

また、2015年には、国連においてSDGs（Sustainable Development Goals　持続可能な開発目標）が「持続可能な開発のための2030アジェンダ」に記載され、国際社会においてめざされることとなった（実施期間は2016〜2030年まで）。SDGsは、「誰一人取り残さない」ことをテーマに掲げて、持続可能な世界を実現するための17のゴール（目標）・169のターゲットを定めており、目標4では、教育について取り上げて「すべての人々に包摂的かつ公平で質の高い教育を提供し、生涯学習の機会を促進する」としている。

このように、近年ではグローバル化の特徴をとらえ、地球規模の社会認識のもと、さまざまな連携を基盤にして教育を構想することが欠かせなくなってきていると言えるだろう。

【文献一覧】

　経済協力開発機構編著（渡辺良監訳）『PISAから見る、できる国・頑張る国：トップを目指す教育』明石書店、2011年

　サッセン, S. 他『現代思想〜特集 サスキア・サッセン グローバリゼーションの最新局面』2003年5月号（第31巻 第6号）青土社、2003年

　田中智志編著『教育学の基礎』一藝社、2011年

　西井麻美・藤倉まなみ・大江ひろ子・西井寿里編著『持続可能な開発のための教育（ESD）の理論と実践』（MINERVA TEXT LIBRARY 63）ミネルヴァ書房、2012年

　パットナム, R.（柴内康文訳）『孤独なボウリング：米国コミュニティの崩壊と再生』柏書房、2007年

　フリードマン, T.（伏見威蕃訳）『フラット化する世界：経済の大転換と人間の未来〔増補改訂版〕』〔上〕日本経済新聞出版社、2008年

　ルーマン, N.（村上淳一訳）『社会の教育システム』東京大学出版会、2004年

終章

教育の基礎
～制度を超える思想～

橋本美保

はじめに

　終章では、前章までの内容を踏まえて、教育を支える思想的基礎について考えてみよう。教育の歴史は「理念と制度との往還の歴史」と捉えることができるだろう。すなわち、何らかの理想・目的が掲げられ、その実現・達成のための方途として組織・法律が創られるが、そうした制度が形骸化し、それに対する批判のなかから再び新しい理念・目的が語られる。教育という営みは、こうした理念と制度との往還のなかで続けられてきた。

　近代についていえば、19世紀以来、ヨーロッパ、アメリカ、そして日本において成立した教育システム（公教育制度）は、ルソーに代表される子ども観の転換や近代的な能力観・発達観の台頭を背景としながら、自律的な近代人の育成を目指して整備されてきた。しかし、近代国家の下で普及した「学校」は、全ての人々を有用な国民にするために、全ての子どもを収容し、主に「3R's」と呼ばれるリテラシーを教える場所として機能した。そこでは、効率性が重視されたため、次第に教科書を用いた画一的な一斉教授が広まった。それは、「言葉で言葉を教える」という言葉中心の教授形態でもあった。たとえば、19世紀末から20世紀前半に登場した「新教育」は、経験・活動を重視することで、こうした画一的・言葉中心の近代教育を超克する試みであった。

　このような「新教育」の試みには、「教育の普遍的価値」と「教育への信念」を見いだすことができる。一方の「教育の普遍的価値」は、子どもたち一人ひとりを、よりよく生きようとする一命と考え、その生きる（いのち）という営みを支援することである。他方の「教育への信念」は、困難に怯(ひる)むことなく、教育によってよりよい人生・社会を創り出すという姿勢である。こうした「教育の普遍的価値」と「教育への信念」は、いわゆる「すぐに役に立つ情報」が過剰に重視されている現代社会においてこそ、その意味が確認されるべきだろう。

第1節 「新教育」という試み

1 「新教育」の特徴

　19世紀末から20世紀初頭のヨーロッパ・アメリカにおいては、従来の画一的・言葉中心の教育を批判し、新しい教育を模索する広範に及ぶ試みが広まっていった。その試みは、英語圏では「新教育」(New Education)、「進歩主義教育」(Progressive Education)、ドイツ語圏では「改革教育学」(Reformpädagogik)、フランス語圏では「新教育」(éducation nouvelle) と呼ばれた。こうした「新教育」に共通する特徴は、子どもの自由な興味関心から生まれる自発的・共同的な活動を、教育の基本とすることである。

　たとえば、アメリカでは、デューイがシカゴ大学に「実験学校」を創設し、教師の設定する「教科」の系列ではなく、自発的・協同的な活動によって子どもたちが創出する「専心（作業）」(occupation) の系列を軸にしたカリキュラムを考案した。それは、教科中心（記憶中心）の学校から活動中心（経験中心）の学校へという、学校像の転回を意味していた。デューイの弟子であるキルパトリックは、この「専心」のカリキュラムを展開する方法を定式化し、それを「プロジェクト・メソッド」と呼んだ。その中心は、子どもたちが設定する具体的な問題解決活動である。

　ベルギーでは、ドクロリー (Decroly, Jean Ovide　1871-1932) が、ブリュッセル郊外に「生活のための生活による学校（「エルミタージュの学校」）を創設し (1907)、「ドクロリー・メソッド」と呼ばれる、デューイの「専心」のカリキュラムに類似したカリキュラムを考案した。ドクロリー・メソッドは、子どもたちの抱く「興味の中心」に沿って、事物についての具体的な「観察」、それを既知の知識に結びつける「連合」、それを言葉や身体や材料で具現化する「表現」、を基本的な要素とする自発的・活動的な学びによって構成されていた。

　ドイツでは、ケルシェンシュタイナー (Kerschensteiner, Georg　1854-1932)

が、ミュンヘン市の公立学校に子どもたち一人ひとりの「自己活動」かつ「協同作業」を重視したカリキュラムを導入した。それは、「実科」「世界科」と呼ばれる、「手工」を中心としたカリキュラムである。ケルシェンシュタイナーは、事物の本態を看過し、言葉の記憶を重視し、子どもを権威に臣従させ、子どもを受動的にさせることを否定し、子どもたちの自発的な「自己活動」にもとづき、「協同作業」を組織することによって、自律的かつ社会的な個人を形成することを求めた。

2　日本の「新教育」の特徴

ヨーロッパ、アメリカで広まった「新教育」は日本にも及び、1910年代から、いわゆる「大正新教育」として広まっていった。第11章でみたように、沢柳政太郎は1917（大正6）年に成城小学校を創設し、「個性尊重の教育」を行った。また、野口援太郎は、1924年に「池袋児童の村小学校」を開校し、児童の自主的な学習活動を重んじた教育を行った。

「大正新教育」においても、児童の自発性だけでなく、児童間の、また児童教師間の協同性が重視された。たとえば、手塚岸衛は、千葉県師範学校附属小学校において、子ども自身の自発的な学びと同時に、子どもたちの協同的な活動を重視した。また、及川平治は、明石女子師範学校附属小学校において、児童一人ひとりの個別性に配慮しつつ、自発的な学習活動をうながす「分団式動的教育法」を行うとともに、児童の生活の中に見いだされる身近な問題を協同して解決する「生活単元学習」を提唱した。

1921年に東京高等師範学校講堂で8日間にわたり行われた八大教育主張講演会は、当時の日本の「新教育」運動の盛り上がりをよく示している。同会では、樋口長市、河野清丸、手塚岸衛、千葉命吉、稲毛金七、及川平治、小原国芳、片上伸の8人が一人一晩ずつ時間をかけて持論・自説を熱く展開した。講演会は、連日約2,000人以上の聴衆を集めたといわれている。

3　「新教育」の生命思想

こうした「新教育」は、概括的に言えば、19世紀に構築された教育シス

テムにおける「規律化」（規律訓練 discipline）中心の教育方法を乗り越える試みである。社会・国家によって認められた知識・技能・価値を大量の子どもにできるだけ効率的に伝達しようとする教育方法は、概して、画一的な管理、一方的な教授、強圧的な訓練にとどまりがちであった。こうした規律化中心の教育方法に替わるべき教育方法が、専心的、協同的、自発的な学びを構成する活動中心の教育方法である。それは、子どもを労働へと向かわせる、狭い意味での職業準備に直結した教育方法ではなく、生活の中心である生命活動を重視する教育方法である。

　生活の中心である生命活動というときの「生命」は、生物学的な「生命」（bio）ではなく、哲学的な「生命」（vita）である。すなわち、料理を作ったり、植物を栽培したり、動物を飼育したりする活動は、生きることに直結した活動である。そこでは、一つの命は他の命に支えられて生まれ、そして育つことが実感される。そうした生命の相互依存に基礎づけられてこそ、他者との協同が無条件に可能になる。すなわち、「新教育」の協同活動は、単に効果的だから行われるのではなく、それが生命の相互依存性に基礎づけられているから行われるのである。したがって、「友だちと協力する」ことが真に「社会的な力」を生みだすのは、それが一命の相互依存性に支えられてのことである。そうした了解がなければ、協同活動は上位者の命令に従う「組織的行動」となり、自発的活動は自発的に命令に従う「従属的行為」になってしまうであろう。

第2節　教育の普遍的価値

1　言葉の二つの働き

　「新教育」において語られた「活動」「生活」「経験」は、別々のことのように思われるかもしれないが、ほぼ同一の事態を指している。それは、言葉に先行し、言葉を喚起する何かである。新しい活動、新しい生活、新

しい経験が、新しい言説を生みだすのであって、その逆ではない。

　このように「経験」「活動」を重視する「新教育」は、言葉を軽視しているように見えるかもしれない。そうした批判は、たとえば、デューイに対して繰りかえし表明された。しかし、「新教育」の諸活動は、旧来の教育とは違う意味で言葉を大切にしていたのではないだろうか。教育において、言葉は相異なる二つの働きをしている。人を経験・活動から遠ざけるという働きと、人に経験・活動を理解させるという働きである。

　一方で、「新教育」が批判してきたように、言葉で言葉を教えることは、経験・活動からの離反を生じさせる。その言葉が、経験・活動が生みだす生き生きとした理解をともなわないからである。求められるのは、「言葉の意味」という、やはり言葉で表現されたものであり、この「言葉の意味」が分かれば解けるような問題の解き方である。しかし、他方で、言葉は「わからないもの」を生みだし、「わかりたい」という欲求を生み出す。「わかる」ということは、「言葉で表現できる」ということだからであり、「言葉で表現できないもの」つまり「わからないもの」を際立たせるからである。むろん、「わからないもの」を遠ざけ、等閑視することもあるが、それは「わかりたい」という欲求がないということではなく、何らかの理由でそれが抑圧されている、ということである。

2　学ぶと教える

　後者の意味では、言葉は、他者・世界・自己を理解するための道具であり、他者・世界・自己の理解を更新するための道具である。生きているかぎり、自分のそばにいる人、自分を取り巻く世界、そして他者や世界とともに生きている自分自身が、言葉によって理解されるべきものとして意識のなかに現れる。そして、理解の手段である言葉を理解することは、他者の言葉が使われた情況を追体験ないし疑似体験することを要する。それは、他者の言葉がどのような情況で、どのような思いとともに使われたのか、それを他者の書いたもの（文）を深く読むことによって知ることである。ただし、どれほど言葉を極めようとも、人は、他者も世界も自分も「十分

にわかった」という境地に達することはできないだろう。その意味で、人が学ぶということは、言葉を知ることで自己・他者・世界の理解を絶えず更新する過程であり、人に教えるということは、言葉の使われ方を示すことで自己・他者・世界の理解の絶えざる更新を支援することである。

3 教育の普遍的価値

　他者の言葉を通じて他者・世界・自己を理解することは、自分がよりよく生きることと結びついている。すなわち、もっと生き生きと生きることと結びついている。なぜ人がよりよく生きようとするのか、その理由はわからない。ただ、よりよく生きることは、おそらく人類史上に哲学が誕生したときから、望ましい生の様態としてあったと思われる。そうした生の様態を原点としつつ、「道徳」（moral）や「倫理」（ethics）が生まれ、現代にまで引き継がれてきたのではないだろうか。

　「よりよく」の「よさ」については、これまでにも道徳哲学や倫理学が「徳」「善」という名の下にさまざまに語ってきた。たとえば、愛、信頼、誠実、勇気、忍耐、勤勉、感謝、正義、高邁、謙遜などである。確かに、どれも、よりよく生きるためには欠かせない「よさ」である。しかし、つきつめて言えば、よりよく生きようとすることこそが、根本的な「よさ」ではないだろうか。よりよく生きようとする一つ一つの命こそ、もっとも「よきもの」ではないだろうか。たとえば、私たちが生まれたばかりの赤ちゃんに「純粋さ」や「無垢さ」を見いだすのは、そこによりよく生きようとする一つの命の姿を見いだすからではないだろうか。

　仮にそのように考えるなら、よりよく生きる一命を守り助けることこそが「教育の普遍的価値」と言えるであろう。規範にただ従うことでもなく、利益のみを追い求めることでもなく、規範・利益を超えてなおよりよく生きようとする命の営みへの支援が、教育の普遍的価値と言えるであろう。愛であれ、信頼であれ、「よさ」として語られる規範は形骸化しうる。同じように、法であれ、教育であれ、秩序を構成する装置としての制度も形骸化しうる。そうした諸価値の形骸化を乗り超えて、「よりよさ」を求め

ることへの支援こそが、教育の普遍的価値であろう。

第3節　教育への信念

1　教育への信念

　先ほど述べた「新教育」思想には、また「教育への信念」を見いだすことができるだろう。デューイ、ドクロリー、ケルシェンシュタイナーなど、それぞれに個性的な「新教育」論を展開した論者の間には、かなり親和的な「教育への信念」を見いだすことができるはずである。

　たとえば、及川平治は、「分団式教育法」という新しい教育方法、「生活単元」という新しいカリキュラムを考案したが、生涯において及川を貫いていた関心は、目の前の子ども一人ひとりに応じた教育をどうやって行うかであった。その根本的課題に応えるために、及川は子どもの「生（life）」を過去から将来までという長いスパンで捉え、子どもたちがそれぞれ自分の人生をよりよく生きていくために必要な力を「生活教育」によってつけさせたいと考えたのである。そこには、教育こそがよりよい人生をもたらすという強い信念を見いだすことができる。

2　生命の哲学

　「新教育」の思想家たちの「教育への信念」は、しばしば「生命の哲学」に裏打ちされている。たとえば、デューイにおいては、「生命」は、環境への働きかけを通じて、自分を更新し続ける存在である。この生命の自己更新こそが「成長」の基本構造である。「生命は成長を意味する」。そして成長は、根源的な理念を伴っている。「命あるものは、どの段階においても、内在的充溢と絶対的要請とともに、まさに肯定的に生きる」。そして、その自己更新は「社会的」に行われる。生命は「社会的に」すなわち社会のなかの個人の一命として維持される。その「社会的」なる人間の

生命を持続させるための営みが、教育である。デューイは「最広義の教育とは、［人間の］生命が社会的に持続するための手段である」と述べている（『民主主義と教育』〔上〕pp.89-90, p.13〈私訳〉）。

　日本では、たとえば、及川が、「人間の本性」が「生命」のなかに見いだされるといい、この「生命」に「理想」に向かう力を見いだしている。及川にとって、「生」は生物学的な生命、すなわち単に生物として生きていることというよりも、デューイと同じく、自分の環境をよりよいものへと変革しようとして生きることを意味している。及川は、他の新教育の思想家・実践家と同じように、子どもの自発性を強調するが、それは、子どもの自発性が、単に自分の力で学ぶことではなく、よりよいものへと向かう「生命」の力を意味しているからである。

3　生命の不断の動態性

　及川の「生命の哲学」は、及川が親しんでいたベルクソン（Bergson, Henri 1859-1941）の「生命の哲学」に拠っている。ベルクソンが重視したものは、よりよい状態へと向かおうとする生命の動態性であり、それが人類文明の原動力である。ベルクソンは次のように述べている。

　　「私たちの自由は、その自由を確立する運動のなかで新しい慣習を生みだす。もしも不断の努力によってその慣習が革新されないなら、自由はこの慣習のために窒息するであろう。機械生活が自由を待ち伏せしている。どんなに潑剌とした思想も、言葉にされてしまえば、その表現の定式のなかで凍りつくであろう。言葉は観念を裏切り、文字は精神を抹消する。私たちの燃えるような感激も、行動となって外に現れると、往々にして凍りつき、利害や見栄の怜悧な打算に向かう」（『創造的進化』p.166〈私訳〉）。

　ベルクソンは、人々の志がこうした頽落への傾斜のうちに置かれているからこそ、生命の「動的本質」、よりよい情況を思考する「動的活動」を強調したのである。及川もまた、自らの教育実践のなかでこうした頽落へ

の傾斜を実感していたのではないだろうか。ベルクソンがいうような頽落への傾斜のうちに、それまでの教育や「新教育」の生き生きとした営みが置かれてきたことを切実に感じ取っていたのではないだろうか。しかし、そうした頽落への傾斜のなかにあるからこそ、及川は「動的教育」を説き続けたのであろう。このたゆまず諦めないスタンスこそ、「新教育」思想に見いだされるべき「教育への信念」であろう。

4　メリオリズム

　「新教育」思想に見いだされるこうした「教育への信念」は、「教育万能主義」と批判されることもあった。それは、教育によって何でも可能であると考える非現実的な幻想である、と。しかし、重要なことは、「教育への信念」が、デューイのいうメリオリズムに裏打ちされていることである。メリオリズムは、現実的な困難を熟知したうえでなお、あえて困難に挑むという姿勢である。その意味では、「教育への信念」とは、教育によって困難を現実的に精査し把握したうえで、よりよい未来に向かう力を培うという信念である、といいかえることができよう。

　教育という営みは、子どもたちのなかによりよい未来へ向かう力を育むという信念から、決して切り離すことができない。人が生きるうえで何がもっとも大切であるのか、よりよい社会を構築するうえで何がもっとも大事であるのか、確かにこの問いに軽々に答えることはできない。その問いを心に抱きつつ、「新教育」の思想家だけでなく、それ以前の多くの教育思想家・実践家が教育をよりよくしようと努力を重ねてきた。その真摯なる営みに見いだされる「教育への信念」は、異なる時代・社会を生きる現代の私たちにとっても、大いなる示唆を与えるはずである。ルソーであれ、デューイであれ、個人の教育思想を学ぶということは、その個人を超えてより深くより広大な視野のもとに人が生きることに近づくことであり、その果敢な探究から現代を真に生きる力を享受するということである。

5 「生きる」の哲学

　こうしてみると、「生きる」をめぐる哲学的課題を考えることが、教育研究のみならず、教育実践にも求められていると言えよう。かつて、教育学者の細谷恒夫は、教育を一義的に定義することは容易ではないと断りつつも、その「最小限の中心的な内容」は「人が将来よりよい行為をすることができるように、という意図をもって、その人にはたらきかけること」であると述べた（『教育の哲学』p.37）。その「よりよい行為」についての思考が哲学的思考であることは、間違いないだろう。

　そうした哲学的思考は、近代教育思想のなかにも、また近代教育制度を批判する新教育思想のなかにも見いだされる。振り返ってみれば、近代以降現在まで世界各地でたびたび見られた「新教育」と呼ばれる教育運動は、基本的な原理や哲学において、同じ枠組みの中で繰り返されている歴史的事象として捉えられる。このような運動の波が、形を変えて登場しなければならない歴史的必然とは何であろうか。新教育運動とは、完備されるほどに形骸化していく教育制度の下で、近代教育の最もプリミティブな理念を取り戻そうとする試みではないだろうか。つまり、それは社会が近代化すればするほど人々から失われていく「生きるとは何か」を考える姿勢、すなわち「生きる」をめぐる哲学的課題を、教育の中心に取り戻す試みであったと理解することができる。

おわりに～教育の理念と歴史を学ぶ意義～

　現代の日本社会は、「年功序列」「家父長制」「家柄家元」といった言葉にあらわれている伝統的・心情的な位階的秩序を残しながら、少なくともその趨勢においては「機能的分化」を社会構造とする社会である。そして現代の日本の教育は、この機能的分化が人々の言動を「有用性」（usefulness）へと方向づけるという作用に大きく影響されている。

　そうした有用性志向が、ものごとを、資本・権力・威信などを所有するための手段に還元しようとする考え方、たとえば、能力主義・メリトクラ

シー・成果主義の風潮の背景である。こうした風潮の強い有用性志向の社会においては、その有用性中心の価値観によって人が価値づけられ、配置されたり、排除されたりする。それは、もっとも速やかに自分の利益を確保することだけが人生の目的となったり、他者も自然も全てその目的を達成する手段に還元されたりすることである。

　こうした有用性への大きな傾きのなかでこそ、少なくとも教育にたずさわる人々は、教育の普遍的価値について再確認し、よりよい生への意思をもち、教育を政治的・経済的手段として利用しようとする諸権力や考え方を把握し、それらを対象化しなければならない。そして、そのためには、社会学者のドーア（Dore, Ronald Philip　1925-）が勧めるように、「よりよき人間」を育成することが教育の唯一の目的であった時代を振り返ってみる必要があるだろう。かつて、ドーアは高度経済成長まっただ中にあった日本社会に向けて、「何がよき人間であるかという哲学的命題をもう一度教育制度変革論争の中心へ持って来なければわれわれの文明の将来についてあまり明るい見通しが持てないように思う」（『江戸時代の教育』pp.x-xi）という危惧を表したが、今日こそ私たちはこの言葉に耳を傾けなければならない。教育の理念と歴史を学ぶことは、「理念と制度との往還の歴史」に通底している教育という営みの本質に迫ることである。そして、その営みを支えている「教育の普遍的価値」や「教育への信念」が、あらためて確認されるべきであろう。

【文献一覧】
　　今井康雄編『教育思想史〔第2版〕』（有斐閣アルマ）有斐閣、2010年
　　田中智志『教育臨床学：〈生きる〉を学ぶ』高陵社書店、2013年
　　田中智志・橋本美保『プロジェクト活動：知と生を結ぶ学び』東京大学出版会、2012年
　　デューイ, J.（松野安男訳）『民主主義と教育』〔上・下〕（岩波文庫）岩波書店、1975年

田中耕治・鶴田清二・橋本美保・藤村宣之『新しい時代の教育方法』（有斐閣アルマ）有斐閣、2012年

ドーア, R. P.（松居弘道訳）『江戸時代の教育』岩波書店、1970年

橋本美保「及川平治の生涯と著作」『及川平治著作集』〔第5巻〕（学術著作集ライブラリー）学術出版会、2012年

橋本美保「カリキュラム：及川平治教育思想の生命概念」森田尚人・森田伸子編著『教育思想史で読む現代教育』勁草書房、2013年

ベルクソン, H.（合田正人・松井久訳）『創造的進化』（ちくま学芸文庫）筑摩書房、2010年

細谷恒夫『教育の哲学：人間形成の基礎論』創文社、1962年

【監修者・編著者紹介】

田中智志（たなか・さとし）
 1958年生まれ
 1990年　早稲田大学大学院文学研究科博士後期課程満期退学
 現在：東京大学大学院教育学研究科教授、博士（教育学）
 専攻：教育学（教育思想史、教育臨床学）
 主要著書：『キーワード 現代の教育学』（共編著）東京大学出版会
    『社会性概念の構築──アメリカ進歩主義教育の概念史』東信堂
    『学びを支える活動へ──存在論の深みから』（編著）東信堂
    『プロジェクト活動──知と生を結ぶ学び』（共著）東京大学出版会
    『教育臨床学──〈生きる〉を学ぶ』高陵社書店
    『何が教育思想と呼ばれるのか──共存在と超越性』一藝社

橋本美保（はしもと・みほ）
 1963年生まれ
 1990年　広島大学大学院教育学研究科博士課程後期中途退学
 現在：東京学芸大学教育学部教授、博士（教育学）
 専攻：教育学（教育史、カリキュラム）
 主要著書：『明治初期におけるアメリカ教育情報受容の研究』風間書房
    『教育から見る日本の社会と歴史』（共著）八千代出版
    『プロジェクト活動──知と生を結ぶ学び』（共著）東京大学出版会
    『新しい時代の教育方法』（共著）有斐閣

【執筆者紹介】

田中智志（たなか・さとし）〔序章、第1章〕
　【監修者・編著者紹介】参照

辻　直人（つじ・なおと）〔第2章〕
　1970年生まれ
　2006年　東京大学大学院教育学研究科博士課程修了
　現在：和光大学現代人間学部教授、博士（教育学）
　専攻：教育学（日本教育史）

森岡伸枝（もりおか・のぶえ）〔第3章〕
　1972年生まれ
　2004年　奈良女子大学大学院人間文化研究科博士後期課程修了
　現在：大阪芸術大学短期大学部准教授、元生駒市社会教育委員議長、
　　　　大阪府立中央図書館国際児童文学館特別研究者、博士（学術）
　専攻：教育学（教育政策史、社会教育、ジェンダー）

越智康詞（おち・やすし）〔第4章〕
　1962年生まれ
　1992年　東京大学大学院教育学研究科博士課程単位取得退学
　現在：信州大学学術研究院教育学系教授
　専攻：教育学（教育社会学）

室井麗子（むろい・れいこ）〔第5章〕
　東北大学大学院教育学研究科博士後期課程単位取得満期退学
　現在：岩手大学教育学部准教授
　専攻：教育学（教育哲学、教育思想史）

田口賢太郎（たぐち・けんたろう）〔第6章〕
　1984年生まれ
　2015年　東京大学大学院教育学研究科博士課程単位取得退学
　現在：埼玉県立大学保健医療福祉学部助教
　専攻：教育学（教育思想史）

上原秀一（うえはら・しゅういち）〔第7章〕
　1969年生まれ
　1999年　東京学芸大学大学院連合学校教育学研究科博士課程単位取得満期退学
　現在：宇都宮大学共同教育学部准教授
　専攻：教育学（教育思想史、比較教育学、道徳教育論）

上坂保仁（うえさか・やすひと）〔第8章〕
　1972年生まれ
　2004年　早稲田大学大学院教育学研究科博士後期課程単位取得退学
　現在：明星大学教育学部教授
　専攻：教育学（教育思想・哲学、臨床教育人間学）

塚原健太（つかはら・けんた）〔第9章〕
　1984年生まれ
　2009年　洗足学園音楽大学大学院音楽研究科修士課程修了
　現在：琉球大学教育学部准教授
　専攻：教育学（カリキュラム論、教育史、音楽教育学）

永井優美（ながい・ゆみ）〔第10章〕
　1985年生まれ
　2013年　東京学芸大学大学院連合学校教育学研究科博士課程修了
　現在：東京成徳短期大学幼児教育科准教授、博士（教育学）
　専攻：教育学（日本教育史、幼児教育史）

林　直美（はやし・なおみ）〔第11章〕
　　筑波大学大学院博士課程教育学研究科単位取得満期退学
　　現在：上野学園大学短期大学部講師
　　専攻：教育学（日本教育史）

友野清文（ともの・きよふみ）〔第12章〕
　　1958年生まれ
　　1989年　東京大学大学院教育学研究科博士課程単位取得退学
　　現在：昭和女子大学総合教育センター（教職課程室）教授
　　専攻：教育学（教育史、ジェンダー論）

西井麻美（にしい・まみ）〔第13章〕
　　東京大学大学院教育学研究科博士課程単位取得満期退学
　　現在：ノートルダム清心女子大学大学院人間生活学研究科教授
　　専攻：教育学（教育行政学、社会教育学）

橋本美保（はしもと・みほ）〔終章〕
　　【監修者・編著者紹介】参照

新・教職課程シリーズ　**教育の理念・歴史**

2013年 9 月25日	初版発行
2014年11月25日	第2刷発行
2016年 5 月25日	第3刷発行
2018年 9 月27日	第4刷発行
2019年 3 月25日	第5刷発行
2021年 2 月15日	第6刷発行

　　　　　　　　監修者　　田中智志・橋本美保

　　　　　　　　編著者　　田中智志・橋本美保

　　　　　　　　発行者　　菊池公男

一藝社

〒160-0014　東京都新宿区内藤町 1-6
Tel. 03-5312-8890　Fax. 03-5312-8895
E-mail : info@ichigeisha.co.jp
HP : http://www.ichigeisha.co.jp
振替　東京00180-5-350802

©Satoshi Tanaka, Miho Hashimoto, 2013 Printed in Japan
ISBN 978-4-86359-057-1　C3037　印刷・製本/シナノ書籍印刷㈱
乱丁・落丁本はお取り替えいたします。